要素	読み方	語源など	説明
map	マップ		イメージマップ
mark	マーク		ハイライト
meta	メタ		テキストメタデータ
meter	メーター		ゲージ
nav	ナブ	navigation links	ナビゲーションリンクをもつセクション
noscript	ノースクリプト		スクリプトに対するフォールバックコンテンツ
object	オブジェクト		画像、ネストされたブラウジングコンテキスト、またはプラグイン
ol	オーエル/オーダードリスト	ordered list	順序つきリスト
optgroup	オプショングループ	option group	リストボックス内のオプションのグループ
option	オプション		リストボックスまたはコンボボックスコントロール内のオプション
output	アウトプット		計算された出力値
p	ピー/パラグラフ	paragraph	段落
param	パラメータ		objectに対するパラメータ
pre	プレ/プレフォーマット	preformatted text	整形済みテキストのブロック
progress	プログレス		進捗バー
q	クォート		引用文
rb	アールビー		Ruby base
rp	アールピー	ruby parentheses	ルビ注釈テキストに対する丸括弧
rt	アールティ	ruby text	ルビ注釈テキスト
rtc	アールティシー		ルビ注釈テキストコンテナ
ruby	ルビ		ルビ注釈
s	エス/ストラック	strike-through text style	正確でないテキスト
samp	サンプル	sample	コンピュータ出力
script	スクリプト		埋め込みスクリプト
section	セクション		汎用の文書またはアプリケーションのセクション
select	セレクト		リストボックスコントロール
small	スモール		サイドコメント
source	ソース		videoまたはaudioのためのメディア情報源
span	スパン		汎…
strong	ストロング		重…
style	スタイル		埋…
sub	サブスクリプト	subscript	下…
sup	スーパースクリプト	superscript	上…
table	テーブル		表…
tbody	ティボディ/テーブルボディ	table data	表中の行のグループ
td	ティディ/テーブルデータ		表のセル
template	テンプレート		テンプレート
textarea	テキストエリア		複数行のテキストフィールド
tfoot	ティフット/テーブルフット	table foot	表中のフッター行のグループ
th	ティエイチ/テーブルヘッダー	table header	表のヘッダーセル
thead	ティヘッド/テーブルヘッド		表中のヘッダー行のグループ
time	タイム		日付または時間関連データの等価な機械可読形式
title	タイトル		文書のタイトル
tr	ティアール/テーブルロウ	table row	表の行
track	トラック		時限テキストトラック
u	ユー/アンダーライン	underlined text style	キーワード
ul	ユーエル/アンオーダードリスト	unordered list	リスト
var	ヴァー	variable	変数
video	ヴィデオ		ビデオプレイヤー
wbr	ダブリュービーアール	word break	改行の機会

W3C Recommendation 28 October 2014

30時間アカデミック

PHP入門

大川晃一・小澤慎太郎 ［著］

実教出版

CONTENTS 目次

序章 はじめに

1 本書で開発するオンライン予約システムについて
1 新人 Web エンジニアとして ……………………… 4
2 オンライン予約システムの設計 ………………… 5

1章 Webアプリケーションの概要

1 サーバーとクライアント
1 サーバーとは …………………………………… 6
2 クライアントとは ……………………………… 6
3 ブラウザーソフトとは ………………………… 6

2 リクエストの種類
1 URL とは ………………………………………… 7
2 HTTP とは ……………………………………… 7
3 HTML とは ……………………………………… 7
4 Web ページが表示される仕組み ……………… 8

3 Web アプリケーション開発環境について
1 Brackets のインストール ……………………… 9
2 Google Chrome のインストール ……………… 10
3 XAMPP のインストール ……………………… 11
4 その他の環境設定：隠しファイル・拡張子の表示変更 ‥ 14
5 その他の環境設定：Brackets の設定 ………… 15

2章 HTML5によるWebページ作成

1 HTML5 の基礎知識
1 HTML5 とは …………………………………… 18
2 HTML5 の特徴 ………………………………… 18
3 フォルダー構造について ……………………… 18
4 HTML5 文書のひな形コード …………………… 19
5 トップページの作成－基本構造－ …………… 21
6 セクション関連の要素と<div>タグ ………… 24
7 トップページの作成－セクション－ ………… 26

2 CSS の基礎知識
1 CSS とは ………………………………………… 28
2 CSS の記述方法 ………………………………… 28
3 CSS の記述箇所 ………………………………… 29
4 トップページへのCSS適用－ページ全体の装飾－ ‥‥ 30
5 id セレクタ・class セレクタの利用 ………… 32
6 CSSレイアウトの基本 ………………………… 34
7 トップページへのCSS適用－レイアウトの指定－ ‥‥ 36
8 ページ装飾の仕上げ …………………………… 44
9 一覧表示ページの作成 ………………………… 46
10 詳細表示ページの作成 ………………………… 48

3章 PHPの初歩

1 PHP の基本
1 PHP とは ………………………………………… 50
2 PHP の仕組み …………………………………… 50

2 PHP のスクリプトを HTML に埋め込む
1 PHP で簡単な Web ページを作る ……………… 51
2 PHP の基本的な構文 …………………………… 52

3 型と変数
1 PHP における型とは …………………………… 53
2 PHP における変数とは ………………………… 53
3 スカラー型とは ………………………………… 53
4 スカラー型以外の型 …………………………… 55

4 制御構造
1 制御構造とは …………………………………… 56
2 比較演算子について …………………………… 56
3 論理演算子について …………………………… 56
4 条件判定文(if-else-else if) …………………… 57
5 条件判定文(switch) …………………………… 58
6 繰り返し文(while) ……………………………… 59
7 繰り返し文(do-while) ………………………… 60
8 繰り返し文(for) ………………………………… 61
9 break と continue ……………………………… 62

5 配列・連想配列
1 PHP における配列の利用 ……………………… 64
2 連想配列の利用 ………………………………… 66
3 for 文と配列の利用(foreach) ………………… 67

4章 データベースの利用

1 データベースとは
1 コンピューターを利用した情報整理 ………… 74
2 データベースの種類 …………………………… 74
3 SQL とは ………………………………………… 75

2 データベースの作成
1 phpMyAdmin とは ……………………………… 76
2 「JikkyoPension」データベースの作成 ……… 76
3 データベース設計 ……………………………… 78

3 SQL でのレコード抽出
1 SELECT 文によるレコード抽出 ……………… 80
2 SELECT 文による条件付きレコード抽出 …… 82
3 SELECT 文による部分一致検索 ……………… 83
4 複数テーブルを用いたSELECT文による抽出 ……… 84
5 副問合せを用いた実践的な抽出 ……………… 86

4 SQL でのレコード挿入
1 INSERT 文によるレコード挿入 ……………… 88

5 SQL でのレコード更新
1 UPDATE 文によるレコード更新 ……………… 90
2 UPDATE 文による複雑なレコード更新 ……… 91

6 SQL でのレコード削除
1 レコード削除 …………………………………… 92

5章 オンライン予約システムの実装 ～トップページから部屋詳細表示～

1 トップページの実装
1 データベースからデータを取得するために ‥‥ 94
2 データベースへの接続・切断 ………………… 95
3 SELECT 文を実行する ………………………… 96
4 結果を表示する ………………………………… 97
5 データを追加して表示が変わったかどうか確認する ‥ 100
6 オンライン予約サイトに作成したコードを埋め込む ‥ 100

2　部屋一覧ページの実装 〜すべての部屋表示

1　データベースからデータを取得するために（1）……… 103
2　データベースからデータを取得するために（2）……… 104
3　データを取得するスクリプトを作成する ………… 106
4　HTML 内の変動する値を PHP の変数で置換する … 107
5　複数テーブルの結合 …………………………… 108
6　トップページのリンクを修正する ………………… 110

3　部屋一覧ページの実装 〜タイプ別の部屋表示

1　画面間のデータの受け渡し方法 ………………… 111
2　GETリクエストによる画面間のデータの受け渡し方法 … 112
3　POSTリクエストによる画面間のデータの受け渡し方法 … 113
4　未入力チェックについて …………………………… 114
5　入力画面（FORM）を構成する部品 ………………… 116
6　トップページから部屋一覧ページへ部屋タイプIDを含んだリンクを作成する … 118
7　部屋一覧ページで値を受け取る …………………… 119
8　受け取ったIDで情報を取得し、画面に表示する … 120
9　部屋情報がなかった場合の処理を加える ………… 121
10　全件検索時の処理を入れる ……………………… 124

4　部屋詳細ページの実装

1　部屋の情報をGETパラメータで送る ……………… 126
2　データベース接続の前処理と後処理を加える …… 128
3　GETパラメータを取得し、テーブル情報を取得・表示する … 129

5　処理コードの共有化

1　共有化するために、同じ処理コードを切り出す ……… 133
2　作成したコードを共有化する ……………………… 134

6　データベース設定の共有化

1　データベース設定を共有化する …………………… 136

6 章　オンライン予約システムの実装 〜予約機能〜

1　空室確認を行う

1　ひな形ページを作成する ………………………… 138
2　ひな形ページから宿泊希望日を入力するページを作成する … 140

2　空室の部屋情報を表示する

1　空室の検索を行う SQL を考える ………………… 142
2　前画面からの値を受け取る ……………………… 144
3　空室となっている部屋情報を表示する …………… 144

3　予約詳細入力画面を作成する

1　複数スクリプト間でデータを共有する …………… 150
2　セッションとは …………………………………… 151
3　セッションの動きを理解する ……………………… 152
4　セッションの実装 ………………………………… 156
5　宿泊日をセッションに格納する …………………… 157
6　詳細情報入力画面を作成する …………………… 158
7　画面表示項目を組み立てる ……………………… 160

4　画面遷移の仕組みと入力値チェックを理解する

1　入力内容によって画面遷移を分岐する …………… 163
2　入力チェックを行う ……………………………… 167

5　予約最終確認画面までの流れを作成する

1　入力チェックを行う画面なしのスクリプトを作成する … 169
2　ひな形ページからダミーの予約確認画面を作成する … 171
3　入力にエラーがあった場合、入力画面にてエラーメッセージを表示させる … 173
4　再入力時に前回入力のデータを初期表示する ……… 176
5　最終確認画面に前画面で入力したデータを表示する … 178

6　予約完了画面を作成する

1　ひな形ページからダミーの予約完了画面を作成する … 180
2　予約情報を挿入する ……………………………… 181
3　予約番号を表示する ……………………………… 184

7 章　オンライン予約システムの実装 〜予約管理機能〜

1　すべての予約情報の一覧表示を行う

1　HTML のみの Web ページを作成する ……………… 186
2　データを取得するSQLを考えてスクリプトに組み込む … 188

2　指定した日付区分の予約情報の一覧表示を行う

1　本日の予約，未来の予約，過去の予約を表示するSQLを考える … 192
2　本日の予約，未来の予約，過去の予約を表示する …… 193
3　過去の予約の削除ボタンを非表示にする ………… 196

3　削除機能を実装する

1　表示内容のないPHPスクリプトを作成する ……… 197
2　削除する SQL を組み立てる ……………………… 198
3　処理後に，一覧表示へ画面遷移させる …………… 201

4　ログイン機能を実装する

1　ログイン画面について …………………………… 202
2　ログイン画面を作成する ………………………… 203
3　ログイン ID，パスワードの受け渡しを実装する ……… 204
4　ログインチェックの結果の保存とページ遷移を実装する … 205
5　エラーメッセージを表示する ……………………… 206
6　ログアウトを実装する …………………………… 208
7　削除時に確認ダイアログを表示する ……………… 209

終 章　おわりに

1　完成したオンライン予約システムと今後について

1　システム化がもたらす恩恵 ……………………… 210
2　本書の振り返りとエンジニアとしての心構え ……… 210
3　次の目標へ向けて ……………………………… 211

さくいん ……………………………………………… 212

・本書で使用するデータは https://www.jikkyo.co.jp/download/ からダウンロードできます（「30 時間アカデミック　PHP入門」で検索を行ってください）。
・Brackets は AdobeSystems Inc. の，Google Chrome は Google Inc. の，XAMPP は BitRock の，その他，本書に掲載された社名および製品名は各社・団体の商標または登録商標です。

序章 はじめに

30H Academic ▷ PHP入門

本書は，PHPの学習を始めようとしている方を対象として，あるWebアプリケーションの開発を通してPHPの基礎を学んでいく。
本章では，これから開発するWebアプリケーションの概要を示す。学習を始める前に全体像を大まかに理解してもらいたい。

1 本書で開発するオンライン予約システムについて

1 新人Webエンジニアとして

とある山に囲まれた温泉郷にあるペンション「JikkyoPension」がクライアントである。
これまで，多くの学生たちが，サークルや部活などの合宿で利用してきた，近隣の学生たちには，名前が知られているペンションである。
近年，少子化の影響もあり，客足が少しずつ減少傾向にあった。利用してくれた学生に聞くと，最近の学生は，わざわざ電話で予約などをせずに，PCやスマートフォンを通じてオンライン予約が可能な施設を多く利用しているとのこと。

「JikkyoPension」はWebサイトを持ってはいるが，オンライン予約などの機能を持たず，連絡先電話番号が記されているだけである。
Webサイトそのものは，Web業者に開発を依頼し，作成してもらったものである。管理はすべてその業者に依頼しており，部屋のリニューアルや季節ごとの情報などを追加して掲載する場合も，わざわざ業者に依頼しなければならず，その度に費用がかかっていた。

残念ながら，「JikkyoPension」には，新たに大規模なWebアプリケーションを開発する予算はない。困り果てたオーナーが下した決断は，知り合いの紹介を受け，Webエンジニアを目指すあなたにオンライン予約システムの開発を依頼するものであった。このシステムにより，インターネットからの予約を可能とし，足が遠のいてしまった学生たちの呼び戻しや，新たな客層の獲得に乗り出そうというのである。
さて，こうして新人エンジニアのあなたは，「JikkyoPension」のオンライン予約システムの作成を依頼された。これから，先輩エンジニアの指導の下，このシステムを一緒に作成してもらいたい。

2 オンライン予約システムの設計

> 顧客（クライアント）の要望をヒアリングし，解決すべき課題と，それに必要な機能を洗い出して設計仕様書を作成する。今回は，先輩エンジニアがその役を担ってくれている。

今回は，もともとあった Web ページを利用するのではなく，新規で Web アプリケーションを作成する。先輩エンジニアが作成した設計をもとに，アプリケーションとしてどのような機能が必要なのかを簡単に整理してみよう。

必要な機能は以下の通りである。

・メニュー
・部屋紹介
・予約

これらの機能を実現する画面を次のように遷移図で整理し，繋がりを把握してみよう。

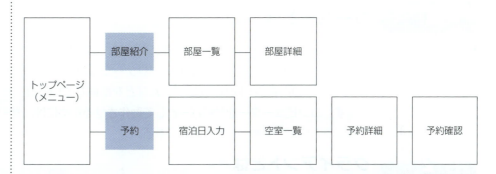

続いて，各機能の詳細について，フローを整理してみよう。

●「部屋紹介」機能フロー
・【部屋紹介】ボタン押下で「部屋一覧」へ遷移，すべての部屋を一覧表示する。「部屋種別」（和室，洋室など）を選択し，「部屋一覧」へ遷移するサブメニューも作成する。この場合の「部屋一覧」は選択された部屋種別の部屋一覧を表示する。
・「部屋一覧」において，部屋ごとの【詳細】ボタン押下で，「部屋詳細」へ遷移する。選択された部屋の詳細情報を表示する。

●「予約」機能フロー
・【予約】ボタン押下で「宿泊日入力」へ遷移する。日付を入力し，【検索】ボタン押下で，「空室一覧」へ遷移。指定された日付の空室一覧を表示する。
・「空室一覧」において，客室ごとの【予約】ボタン押下で「予約詳細」へ遷移する。選択された部屋の詳細情報が表示され，ここで必要情報を入力する。
・「予約詳細」において，必要情報を入力し終えたら【送信】ボタンを押下する。その際，未入力チェックや入力エラーチェックが行われ，問題がなければ，「予約確認」へ遷移する。
・「予約確認」において，【確定】を押下することで予約が完了する。

今回の Web アプリケーションのイメージはついただろうか。次章より，アプリケーション開発に必要な技術を学びながら，少しずつ完成させていこう。

第1章 Webアプリケーションの概要

30H Academic ▷ PHP入門

本書は，PHPを用いたWebアプリケーションの開発手法について学ぶ。Webアプリケーションは，PHPプログラミング言語だけを知っていれば開発できるというわけではなく，HTMLやWeb関連技術などの周辺知識も必要である。ここでは，そうしたWebアプリケーションに関わる関連知識と開発環境について学ぼう。

1 サーバーとクライアント

1 サーバーとは

▷ Server：提供する人，仕える人。

サーバーとは，コンピューターの世界において，あるサービスを提供する側の機器やソフトウェアのことを指す。Webアプリケーションの世界におけるサーバーとは，Webページの内容やPHPのプログラムなどを配備しているコンピューターのことを指す。コンピューターをサーバーとして動作させるためには，サーバー機能を提供するソフトウェアを動作させる必要がある。

2 クライアントとは

▷ Client：依頼人や顧客。

提供する側のことをサーバーというのに対して，あるサービスを受ける側のことをクライアントという。「サービスを提供する側＝サーバー」に対して，「サービスを要求する側」ということになる。Webアプリケーションにおけるクライアントとは，PC，スマートフォン，タブレット端末など，Webアプリケーションに対して入力などの操作を行い，結果を受け取ることができる機器全般を指す。

普段，スマートフォンなどで何気なく見ているWebページも，基本的にはWebサーバーというサーバーマシンが地球上のどこかに存在し，それに対して，私たちのスマートフォンをクライアントとして，サービス，つまりは，Webページのコンテンツを提供してもらっているのである。

3 ブラウザーソフトとは

▷ MicrosoftのブラウザーソフトであるInternet Explorerは，Windows 10への移行に伴い，Microsoft Edgeに生まれ変わった。

クライアントがWebアプリケーションを利用する際には，ブラウザーソフトと呼ばれるWebページを閲覧するためのソフトを利用する。Microsoft EdgeやInternet Explorer，Google Chrome，Firefox，Safari，など，多くの種類がある。さらに，SafariやGoogle Chrome，Firefoxなどは，スマートフォン・タブレット向けのブラウザーソフトも存在し，同じWebページであっても，ブラウザーごとに若干の見た目の違いやデザインが変わってしまうことがある。デザイナーや開発者は，こうしたブラウザーごとの挙動の違いについても気を付け，開発しなければならない。

Microsoft Edge

Google Chrome

Firefox

Safari(Mac)

2 リクエストの種類

1 URLとは

> URL：Uniform Resource Locator

URL とは，ネットワーク上でアクセスを行う Web ページの場所と通信方式を表す文字列のことである。ユーザーはブラウザーソフトのアドレス欄にアクセス先の URL を入力する。

$$\underbrace{\text{http}}_{①}://\underbrace{\text{www.jikkyo.co.jp}}_{②}:\underbrace{8080}_{③}/\underbrace{\text{index.html}}_{④}?\underbrace{\text{arg1=a\&arg2=b}}_{⑤}$$

① スキーム名
通常の Web ページであれば，「http」が用いられる。他に，SSL により暗号化される「https」やファイル転送で用いられる「ftp」などの種類がある。

> SSL：Secure Sockets Layer

② ホスト名
データが保管されているサーバー名を表す。IP アドレスや日本語のドメインも使用可能である。アルファベットの大文字・小文字は区別されない。

> IP アドレス：インターネット上でデータのやり取りを行う際に，接続されている機器を識別するための番号。

③ 接続先のポート番号
通信に使用するプログラムを識別するための番号のこと。通常は指定しなくてもよい。指定しない場合は http ならばポート 80 が使用される。

> ドメイン：インターネットに接続されている機器の場所を示す「住所」。

④ パス名
サーバーのファイルシステム内での「ディレクトリ＋ファイル名」でパス名となる。例えば，サーバー内の「php」というディレクトリ内に「hello.php」というプログラムが配備してある場合，パス名は「＜ホスト名＞/php/hello.php」となる。

> ディレクトリ (Directory)：住所録を意味する英単語。ファイルが分類・整理されている場所である。

⑤ パラメータ
サーバー内のプログラムに値を渡すときに用いられる。「?」より後ろに「パラメータ名＝値」という形で指定する。また，「&」で区切ることで複数種類のパラメータを渡すこともできる。例では「arg1」という名前で「a」が，「arg2」という名前で「b」がそれぞれ渡されていることになる。

2 HTTPとは

> HTTP：Hyper Text Transfer Protocol

HTTP とは，クライアントとサーバーがデータを送受信する際に使われる通信上の規約（プロトコル）のことである。HTML のテキストや，関連付けられている画像・動画・音声などのファイルを，表現形式などの情報を含めてやり取りできる。

3 HTMLとは

> HTML：Hyper Text Markup Language
> 本書では 2016 年 8 月1日時点の HTML5 をもとに解説する。

HTML とは，Web ページを作成するために開発された言語である。ハイパーテキスト(HyperText)とは，別ページへのリンクであるハイパーリンクや，画像・動画・音声などのデータファイルを埋め込むことができるテキストを指す。マークアップ(Markup)とは目印を付けるという意味であり，見出し・段落・表・リストなど，「文書中の役割に目印を付ける」というところからきている。この HTML を用いて，見やすく整理された「文書の構造を定義されたもの」を表示したものが Web ページである。

30H Academic 7

4 Webページが表示される仕組み

私たちがクライアントマシンを用いてWebページを閲覧する際には，次の5つの順番でクライアントとサーバーとの間でやり取りが行われている。

● Webアクセスの基本

① URLの指定
　　ユーザーはブラウザーソフトのアドレス欄にアクセス先のURLを入力する。
② HTTPリクエストの送信
　　HTTPリクエストとして，サーバーに対してWebページのデータを要求する。
③ HTTPリクエストの解析
　　サーバーはブラウザーソフトから送られてきたHTTPリクエストを解析し，それに対応するHTMLや画像などのデータを用意する。
④ HTTPレスポンスの返信
　　サーバーが用意したデータをブラウザー側に返信する。
⑤ データの解析・表示
　　ブラウザーソフトは，サーバーから送られてきたHTMLを解析し，その結果として文字列や画像などをWebページとして表示する。

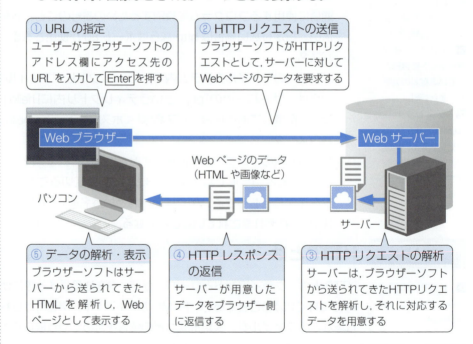

3 Webアプリケーション開発環境について

1 Bracketsのインストール

> HTML5の詳細については2章を参照のこと。

HTML5の文書は，Windowsに標準インストールされているメモ帳などのテキストエディタがあれば作成・編集が可能である。また，TeraPadやMery，サクラエディタなどのテキストエディタは，開発効率を高める機能が実装されており，便利である。今回はAdobe（アドビ）社がフリーで公開しており，拡張性も高い「Brackets（ブラケッツ）」を使用する。

> 本書では執筆時点の最新バージョンであるBrackets v1.6で解説する。

1️⃣ 下記のアドレスにアクセスし，【Download Brackets】を押下してインストーラーをダウンロードする。

> ダウンロードURLおよびWebページは2016年3月現在のものである。

http://brackets.io/

2️⃣ ダウンロードしたインストーラーを実行して下記の手順に従い，インストールを進める。

> インストール手順
> ①インストール先フォルダーの変更などがなければ【Next】で次へ。
> ②【Install】を押下して次へ。
> ③プログレスバーが表示され，インストールが開始される。
> ④バーが最後まで到達すると，インストールは無事に終了。【Finish】を押下してインストールを終了させる。

①

②

③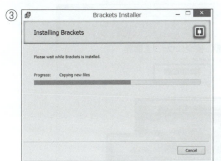

④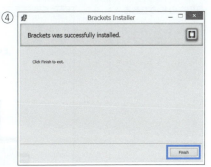

3️⃣ インストールが正しく終了すれば，起動後，次の画面が表示される。

Bracketsはフリーソフトでありながら，多くの拡張性を有している。また，BracketsそのものがJavaScriptで開発されていることもあり，動作が軽い。機能を拡張するには【拡張機能マネージャー】を起動し，必要な機能を選択後，【インストール】を押下することで追加が可能である。外観の変更である「テーマ」についても，同様の方法で追加が可能である。

> 便利な拡張機能をいくつか紹介する。検索バーに下記の名前を入れて検索し，インストールしてみよう。
・Extension Rating：拡張機能の人気状態がわかる。
・Beautify：コードの整形。
・ShowWhitespace：半角スペースの表示。

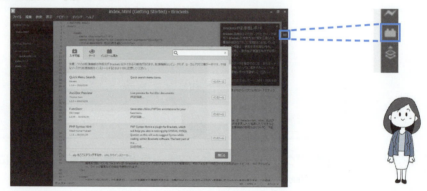

2 Google Chromeのインストール

Bracketsの便利な機能として「ライブプレビュー」がある。これは，変更したHTMLなどのファイルを，ブラウザーソフトをいちいち更新しなくてもリアルタイムで確認できるというものである。この機能を利用するには「Google Chrome」がインストールされている必要があるので，下記のURLにアクセスし，ダウンロードする。

1️⃣【Chromeをダウンロード】を押下する。

> 本書では執筆時点の最新バージョンであるGoogle Chrome v48.0で解説する。

> ダウンロードURLおよびWebページは2016年3月現在のものである。

http://www.google.com/chrome/

2 【同意してインストール】を押下するとインストールが行われる。

> ［メニュー］→［その他のツール］→［デベロッパーツール］を用いると，Web 開発におけるデバッグ（動作確認）作業を効率的に行うことができ，便利である。

Google Chrome の各種設定などについては，ここでは割愛する。

3 XAMPPのインストール

本書では執筆時点の最新バージョンである XAMPP v5.6.15 で解説する。

XAMPP とは，Web アプリケーションの実行に必要なソフトウェアを 1 つにまとめて利用可能としたものであり，apachefriends.org から無償で提供されている。Web サーバーである Apache，SQL データベースサーバーである MySQL/MariaDB，Web プログラミング言語である PHP と Perl に加え，それらの管理ツールなどを含んでいる。

> ダウンロードURL および Web ページは 2016 年 3 月現在のものである。

本来，これらの複数のソフトウェアは個々にインストールする必要があり，これまでは環境を構築するだけでも一定の知識と技術を必要としていたが，XAMPP ではこれらが 1 つのパッケージとしてまとめられているため，非常に簡単に導入できる。実際に，Web アプリケーションとして本稼働させるためには，やはり個々にインストールした環境を構築するほうが望ましいが，開発や学習に際しては XAMPP が便利である。XAMPP は，下記の URL からダウンロードし，次の手順に従いインストールを行う。

https://www.apachefriends.org/jp/index.html

1 【Windows 向け XAMPP】を押下する。自動的に画面が切り替わり，ダウンロードが開始される。

2 自動的に開始されなかった場合は，【ここをクリック】を押下することでダウンロードが開始される。

> インストーラー実行時に、「ユーザーアカウント制御」で変更許可の確認が表示された場合は、【はい】を選択。

3 ダウンロードしたインストーラーを実行し、【Next】を押下して次へ進む。

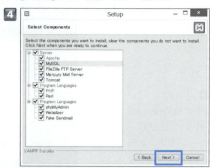

4 インストールするソフトウェアの選択画面が表示される。不要なソフトウェアは、チェックを外すことでインストールしないことになるが、今回は、すべてインストールするので、そのまま【Next】を押下する。

5 インストール先のフォルダーを指定する。標準の指定先である「C:¥xampp」のまま変更せずに、【Next】押下で次へ進む。

6 オープンソースプロジェクトの説明画面が表示される。XAMPPに関する情報表示についてのチェックがあるが、そのまま【Next】押下で次へ進む。

7 XAMPPインストールの最終確認画面が表示されるので、【Next】押下で次へ進む。

8 上の画面が表示され、インストールが実行される。環境にもよるが、5〜10分程でインストールが終わる。

9 無事にインストールが終了すると，次の画面が表示される。「XAMPPのコントロールパネルを起動するか」にチェックが入っている状態で【Finish】を押下すると，XAMPPのコントロールパネルが起動する。

10 正常にコントロールパネルが起動すると，次の画面が表示される。Webサーバーの「Apache」の【Start】と，データベースサーバーの「MySQL」の【Start】を押下し，起動するかを各々確認しておく。

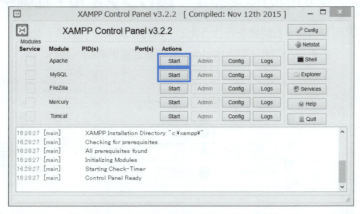

▶ 「Skype」がインストールされている場合，「ポート80」の競合のために「Apache」が起動できないことがある。Skypeの「ツール」→「設定」から，ポート80を使用しないように，チェックを外す必要がある。

11 「Apache」「MySQL」の文字背景色が緑色に変更されたら，無事に起動した証拠である。【Start】時と同様に，【Stop】を押下することで，個々に止めることができる。また，【Quit】を押下することで，XAMPP全体を終了する。

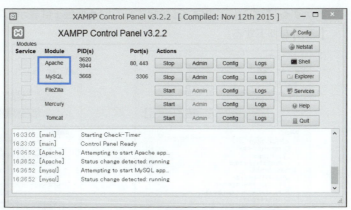

このコントロールパネルである「xampp-control.exe」については，今後よく使うことになるので，「C:¥xampp¥xampp-control.exe」へのショートカットを，デスクトップなどに作成しておくとよい。

> localhost：ローカル・ループバック・アドレスと呼ばれ，自分自身を指す特別なIPアドレスである。127.0.0.1も同じ意味である。

また，ブラウザーからサーバーが正しく起動しているかの確認をすることもできる。

⑫「Apache」が起動している状態で，次のURLにアクセスする。

http://localhost

⑬ 正しく「Apache」がWebサーバーとして起動すれば，次のような画面が表示される。

4　その他の環境設定：隠しファイル・拡張子の表示変更

> 設定の変更手順
① ［Windowsのコントロールパネル］→［デスクトップのカスタマイズ］を選択。
② ［エクスプローラーのオプション］を選択。

プログラム開発を行ううえで，隠しファイルや拡張子を表示しておくことは，大切である。次の方法で，Windowsの設定変更画面へ進む。

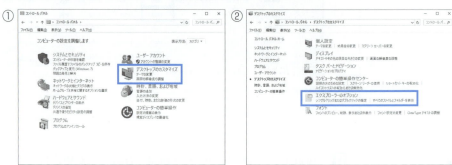

［表示］タブを選択して［詳細設定］の［ファイルおよびフォルダー］→［ファイルとフォルダーの表示］まで移動し，「隠しファイル，隠しフォルダー，および隠しドライブを表示する」をオンに，加えて「登録されている拡張子は表示しない」のチェックを外し，【適用】を押下する。

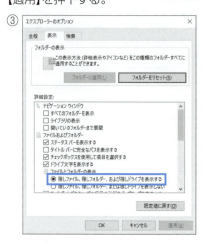
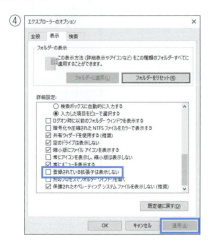

その他の環境設定：Bracketsの設定

Adobe Brackets を使って開発を行うにあたって，作業しやすいように各種設定を行おう。

❶ フォルダー設定

> htdocs：ドキュメントルートフォルダと呼ばれる。

Apache環境において，Webとして公開したい各種ファイルは，「C:¥xampp¥htdocs」内に格納されている必要がある。Bracketsで作成した数々のファイルを，毎回「htdocs」にコピーするのは面倒であるため，あらかじめフォルダーを作成しておき，Bracketsで利用できるようにしておく。以降，Webアプリケーションのために作成していく各種ファイルは，特別な指示がない限り，すべてこのフォルダ内に作成していく。

1. 「30H_PHP」フォルダーを作成する。まず，「C:¥xampp¥htdocs」内に「30H_PHP」フォルダーを作成する。
2. 「30H_PHP」フォルダーと同期する。Adobe Brackets を起動し，「GettengStarted」→「フォルダーを開く…」を選択し，1で作成したフォルダーのある「C:¥xampp¥htdocs¥30H_PHP」を指定する。

3. Bracketsの画面の左側に「C:¥xampp¥htdocs¥30H_PHP」内のファイルが表示され，同期される。Brackets上で編集・作成したファイルは，そのまま「C:¥xampp¥htdocs¥30H_PHP」内のファイルとなる。これでWebアプリケーションの開発環境が整った。

❷ プロジェクト設定

> ライブプレビュー：デバッグには大変便利である。

Bracketsには，「ライブプレビュー」という機能がある。これは，ファイルを編集しながら結果をそのままリアルタイムにブラウザー上で表示するという便利な機能である。

1. ［ファイル］→［プロジェクト設定］と選択し，次のウインドウが表示されたら「ライブプレビューのベースURL」という欄に次のURLを入力する。

http://localhost/30H_PHP/

> この設定後は，XAMPPのApacheを起動した状態でないとライブプレビューが実行されないので，注意すること。

> ライブプレビューは，次章から実際に利用していく。ここではプロジェクトの設定だけできていればよい。

２ Brackets 上でファイルを編集しながら，リアルタイムにその画面変化を知ることができ，開発効率を高めることができるようになった。

これで画面右側にある稲妻マークのような【ライブプレビュー】を押すと，自動的に Google Chrome が起動し，今現在編集しているファイルをブラウザーソフト上で表示できる。

また，ファイルをブラウザーソフトに表示後にファイルの編集を行った場合，本来であればブラウザーソフトの更新ボタンを押す必要があるが，これにより Brackets 上でファイルを保存すると，すぐさまブラウザーソフトの画面も更新される。

３ 「スペース幅の設定」

> インデント：文章行頭にスペースを挿入し，先頭の文字を右にずらす。「字下げ」ともいう。

自動的にインデントに使用される文字や幅の設定を変更しておく。標準では[スペース]は[4]と設定されている。何らかのファイルを開いている際に，画面右下に表示されている値を変更することで変更可能である。[スペース]を[2]に変更しておこう。

補足 その他の環境設定：Apache の設定

本書では，拡張子が「.php」のファイルに PHP プログラムを記述していくので，この設定は必ずしも必要ではないが，この設定を行うと，拡張子が「.html」のファイル内に，PHP プログラムを記述しても解釈されるようになる。

１ XAMPP のコントロールパネルを起動し，「Apache」の【Config】→［Apache（httpd.conf）］を選択する。

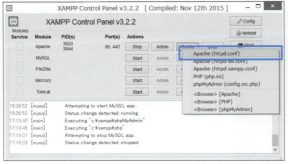

２ メモ帳が起動し，「httpd.conf」の中身が表示されるので，一番下までスクロール

させて次の設定を1行追記し，保存する。

```
AddType application/x-httpd-php .php .html
```

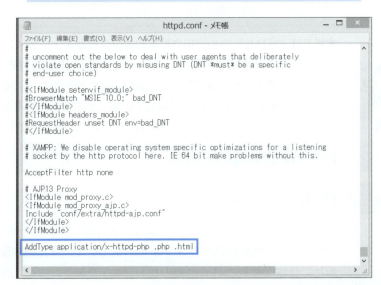

この設定をしておくことで，拡張子が「.html」であるファイルに，PHPプログラムを記述しても正しく実行される。

2章 HTML5によるWebページ作成

30H Academic ▷ PHP入門

本書では，HTML5のルールや基本的なタグとカスケーティング・スタイル・シート（CSS）の基本を学びながら，オンライン予約システムの「静的」なWebページを作成していく。そのため，HTML5とCSSに関する解説は，今回のオンライン予約システム開発に必要な部分だけに限定している。その他のHTML5やCSSの詳細な解説については，「30時間アカデミック Webデザイン」などの他の書籍を参照してほしい。

1 HTML5の基礎知識

1 HTML5とは

HTML5とは，HTMLの改訂バージョン第5版である。一般的に広く普及し，利用されてきたHTMLのバージョンは4.01だが，モバイル端末環境の普及などに伴い，新たに仕様を検討されているのがHTML5である。従来，Webページ，つまりはHTML文書を作成することを目的とされていたHTMLだが，HTML5では，Webアプリケーションを実現するために必要な仕様が，新たに追加されている。

2 HTML5の特徴

▶ RIA(Rich Internet Application)：単純なHTMLで記述されたWebページよりも表現力や操作性などが優れたWebアプリケーション。

これまで，Adobe社のFlashやMicrosoft社のSilverlightなどのプラグインを利用しなければRIAを実現することができなかったが，HTML5では，音声を埋め込む<audio>タグ，動画を埋め込む<video>タグ，任意のグラフィックスを描画できる<canvas>タグなどが新たに追加されたことにより，プラグインを利用することなくRIAを実現することができるようになった。また，ナビゲーション要素を表す<nav>タグ，節を表す<section>タグ，前置き部分を表す<header>タグなど，文書の構造を表現する新たなタグも追加され，表現の幅が広がっている。

3 フォルダー構造について

▶ 本書ではJavaScriptファイルは使用しないが，今後，オリジナルアプリケーションを開発する際に利用することがあるはずなので，jsフォルダーをあらかじめ作成している。

今後，拡張子が「.html」のファイルだけでなく，画像やCSSなどのファイルも用いることになるため，あらかじめフォルダー構造を整えておこう。

```
C:¥xampp¥htdocs¥30H_PHP
```

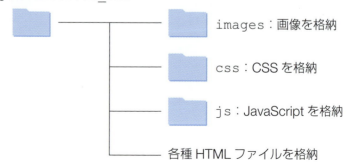

4 HTML5文書のひな形コード

例題 1　HTML5の文書のひな形となるコードを入力しよう。

① HTML5文書のひな形コードの入力

> XAMPPのApacheを起動しておくのを忘れないようにしよう。

早速，Bracketsを用いて，HTML5文書を作成しよう。

1 Bracketsを起動後，メニューバーから[ファイル]→[新規作成]と選択すると，名称未設定の空ファイルが生成される。

2 次のように入力する。

> 左端に表示している2桁の数字とコロンは行数を示したものである。

```
Sample2_01.html

01 : <!DOCTYPE html>
02 : <html lang="ja">
03 :   <head>
04 :     <meta charset="UTF-8">
05 :     <title>HTML5 を入力してみた</title>
06 :   </head>
07 :   <body>
08 :     HTML5 文書を入力してみました！
09 :   </body>
10 : </html>
```

3 入力が完了したら，名前を「Sample2_01.html」として保存し，画面右上にある「ライブプレビュー」ボタンを押下する。

4 自動的にGoogle Chromeが起動し，Webページ画面が表示される。もし，正しく表示されなかった場合は，コードの入力ミスがないかどうかを確認して修正をする。ライブプレビュー状態であれば，コードの変更は，すぐにブラウザーであるGoogle Chromeに反映される。

30H Academic　**19**

② HTML5文書の基本構造

先ほどの「Sample2_01.html」をもとに，HTML5 の基本的な構造を解説していく。基本的には「宣言の開始〜内容〜終了」という流れでタグを書いていく。タグは「<」と「>」で囲まれており，<> 内にタグ名を記述する。「開始タグ」と「終了タグ」に挟まれている部分を「要素」といい，「要素」は複数になってもよい。

また，タグは入れ子状態にもなり，その場合，親要素・子要素の関係となる。

以上の構造ルールを踏まえたうえでコードを 1 つひとつ見ていこう。

- `<!DOCTYPE html>`
  この文書が HTML に準拠した文書であることを示す。

- `<html lang="ja"> 〜 </html>`
  HTML 文書のルート（元）要素であり，後述の `<head>` や `<body>` を子要素として持つ。また，タグには < プロパティ（属性）= " 値 "> のようにプロパティ（属性）を設定することができるものもある。今回の場合は，`<html>` の lang（言語）プロパティに，ja（日本語）を指定したということになる。

- `<head> 〜 </head>`
  画面には表示されない文書情報（メタ情報）を記述するヘッダータグである。今回は，下記の `<meta>` タグと `<title>` タグの 2 つをヘッダーとして記述している。

- `<meta charset="UTF-8">`
  `<meta>` とは，終了タグを持たない「空要素」である。今回は，文字コードを示す属性である charset プロパティに「UTF-8」を指定している。

- `<title>HTML5 を入力してみた </title>`
  `<title>` は Web ページのタイトルを指定するタグである。W3C 標準で必須とされている HTML5 の記述は「!DOCTYPE」宣言とこの `<title>` 要素のみであり，重要視すべきタグの 1 つである。

- `<body> HTML5 文書を入力してみました！ </body>`
  ブラウザーに表示するコンテンツの主要素を記述するタグである。今回は単純な文字列である「HTML5 文書を入力してみました！」のみを要素としているが，本来であれば，多くの文書構造や文書は，すべてこの `<body>` 内に記述されることになる。

> UTF-8：Unicode のコード体系の 1 つ。最初の 128 文字の変換結果が ASCII コードと同様になるため，対応する環境が多い。Web では，しばしば文字コードが問題になることが多いため，本書では，すべての文字コードを UTF-8 で統一する。

> W3C：World Wide Web Consortium の略で，World Wide Web で使用される各種技術の標準化を推進するために設立された標準化団体で，非営利団体である。

5 トップページの作成 －基本構造－

例題2 オンライン予約システムのトップページ「index.html」を入力しよう。

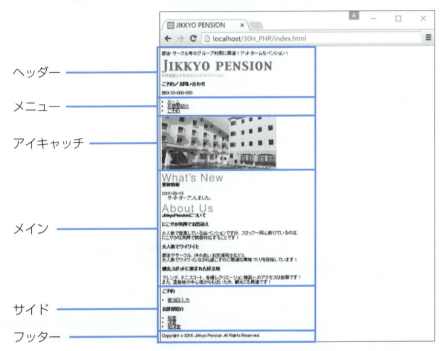

- ヘッダー
- メニュー
- アイキャッチ
- メイン
- サイド
- フッター

1 トップページ(index.html)の入力

> 画像ファイルは，実教出版のWebページからダウンロードし，「images」フォルダーに保存しておく。

次のコードが「index.html」のコードである。

1. 1つひとつ，タグの意味を理解しながら入力していく。

> 少々コードが長く感じるかもしれないが，Bracketsには，入力補完機能が付いているため，見た目よりも入力は楽に感じるはずである。

> 「」は，「でんわ」と入力して変換すればよい。

```
index.html
01 : <!DOCTYPE html>
02 : <html lang="ja">
03 : <head>
04 :   <meta charset="UTF-8">
05 :   <title>JIKKYO PENSION</title>
06 : </head>
07 : <body>
08 :   <!-- ヘッダー：開始 -->
09 :   <p> 部活・サークル等のグループ利用に最適！アットホームなペンション！ </p>
10 :   <h1><a href="./index.html"><img src="./images/logo.png" alt=""></a></h1>
11 :   <h2> ご予約／お問い合わせ </h2>
12 :   <p> ☎ 0120-000-000</p>
13 :   <!-- ヘッダー：終了 -->
14 :   <!-- メニュー：開始 -->
15 :   <ul>
16 :     <li><a href="./index.html">ホーム </a></li>
17 :     <li><a href="#">お部屋紹介 </a></li>
18 :     <li><a href="#">ご予約 </a></li>
19 :   </ul>
20 :   <!-- メニュー：終了 -->
```

30H Academic

> アイキャッチ (eyecatch) と は，Web ページなどにおいて，そのページのイメージをわかりやすく伝える画像などのことを示す和製英語。本書では簡略化して「icatch」と記述する。

```
21 :   <!-- アイキャッチ：開始 -->
22 :   <img src="./images/icatch.jpg" alt="">
23 :   <!-- アイキャッチ：終了 -->
24 :   <!-- メイン：開始 -->
25 :   <h2><img src="./images/new.png"><br> 更新情報 </h2>
26 :   <dl>
27 :     <dt>2016-02-15</dt>
28 :     <dd>
29 :       サイトオープンしました。
30 :     </dd>
31 :   </dl>
32 :   <h2><img src="./images/about.png"><br>JikkyoPension について </h2>
33 :   <h3> にこやか笑顔でお出迎え </h3>
34 :   <p>
35 :     少人数で営業している当ペンションですが、スタッフ一同心掛けているのは、<br>
36 :     にこやかな笑顔で接客対応することです！
37 :   </p>
38 :   <h3> 大人数でワイワイと </h3>
39 :   <p>
40 :     部活やサークル、仲の良いお友達同士などと、<br>
41 :     大人数でワイワイしながら過ごすのに最適な環境づくりを目指しています！
42 :   </p>
43 :   <h3> 観光スポットに恵まれた好立地 </h3>
44 :   <p>
45 :     ゲレンデ、テニスコート、各種レクリエーション施設へのアクセスは抜群です！<br>
46 :     また、温泉地の中心街からも近いため、観光にも最適です！
47 :   </p>
48 :   <!-- メイン：終了 -->
49 :   <!-- サイド：開始 -->
50 :   <h2> ご予約 </h2>
51 :   <ul>
52 :     <li><a href="#"> 宿泊日入力 </a></li>
53 :   </ul>
54 :   <h2> お部屋紹介 </h2>
55 :   <ul>
56 :     <li><a href="#"> 和室 </a></li>
57 :     <li><a href="#"> 洋室 </a></li>
58 :     <li><a href="#"> 和洋室 </a></li>
59 :   </ul>
60 :   <!-- サイド：終了 -->
61 :   <!-- フッター：開始 -->
62 :   <p>Copyright c 2016 Jikkyo Pension All Rights Reserved.</p>
63 :   <!-- フッター：終了 -->
64 : </body>
65 : </html>
```

> Copyright：著作権のこと。

2 入力が完了したら，名前を「index.html」として保存し，画面右上にある「ライブプレビュー」ボタンを押下する。

3 自動的に Google Chrome が起動し，Web ページ画面が表示される。以降，コードを入力したあとは，保存後に「ライブプレビュー」により実行結果を確認し，必要があれば，コードを修正していくことになる。

② トップページで使用しているタグ

今回のトップページ作成に用いられているタグについて，以下に簡単に解説する。

・**<!-- … -->(コメント)**

HTML において，「<!--」と「-->」で囲まれた文字列はコメント扱いとなる。HTML のコメントは，ブラウザー上では表示されないが，ソースを表示すると見えてしまうので注意が必要である。

・**<p> タグ**

段落を意味する。拡張子が「.html」のファイル内において <p>…</p> で囲まれた部分で改行されていたとしても，表示上は改行されないことに注意する。

・**
 タグ**

改行を意味する。

>
 のように単一タグで要素がないものを「空要素タグ」という。XHTML では
 と記述しなければならないが，HTML5 では
 でも
 でも対応している。

・**<h1>, <h2>, <h3> タグ**

見出しを意味する段落を作成する。<h1> ～ <h6> まであり，数値が小さい方が，より大きな見出しとなる。

・**<a> タグ**

「<a>…</a>」で囲まれた要素に対して，ハイパーリンクを指定する。

href プロパティにリンク先の URL を指定する。URL ではなく「href="#"」のように指定すると，同一ページ内のトップ位置にスクロールを戻すという指定になる。

・**<img> タグ**

画像を表示させる。

src プロパティ：画像ファイルのパスを指定する。「index.html」は「images」フォルダーと同じ階層に位置している。そのため，「images」フォルダー内の画像に対するパスを正しく設定するためには，「./images/…」のように，「現在位置(カレント)指定」が必要な点に注意する。

> 「.」はドットと読む。

alt プロパティ：画像に対する代替テキストを指定する。ロゴやアイコンなどの画像については「alt=""」と空文字を指定しておく。

・**<ul> タグ**

番号なしリストを作成する。

リストの値については，「<li>…</li>」のようにタグで区切る。

・**<dl> タグ**

「用語と説明」で構成されるリストを作成する。

リストの値について，「<dt>…</dt>」のタグで用語を，「<dd>…</dd>」のタグで説明をそれぞれ記述する。また，「用語と説明」だけでなく，「日付と内容」や「質問と回答」などに用いる。

6 セクション関連の要素と<div>タグ

セクションとは「見出しとそれに伴うコンテンツのひとかたまり」である。文書構造やコンテンツの意味付けを明確にするこうしたセクションに関連した要素が，HTML5 から追加された。こうした新要素を使うことは必須ではないが，本の目次のように「タイトル・章・節・項」という形で「見出し＋コンテンツ」で情報の階層構造を表現する「アウトライン」を構成するためには，こうした新要素の利用が必要になる。

- <section> タグ
  章・節のような「見出し＋コンテンツ」を表す一般的な要素。
- <article> タグ
  それ単体で自己完結している独立したセクションを表す。
- <aside> タグ
  メインのコンテンツと関係が弱く，取り除いてもメインのコンテンツに影響のないセクションを表す。
- <nav> タグ
  主要なナビゲーションを表す。

以上の 4 種のタグが，セクション要素である。

また，セクション要素ではないが，セクション要素と関連が深く，文書構造を明確にするタグとして，次のタグも HTML5 から新しく追加された。

- <header> タグ
  セクションのヘッダーを表す。
- <footer> タグ
  セクションのフッターを表す。
- <main> タグ
  メインのコンテンツ領域を表す。
- <figure> タグ
  挿し絵や解説用の音声，プログラムコードなど，本文から参照される独立したコンテンツを表す。
- <figcaption> タグ
  <figure> タグに対してキャプションを付ける際に利用する。

セクション関連の要素を具体的に利用する例は，次のようなものになる。

> <section>の中に<article>が含まれる，または，<article>の中に<article>が含まれるのは，文書作成者が決めた構造なのでどちらも構わない。

> <head> タグと<header> タグは異なるので注意。

> このイメージは，後述する「マルチカラムレイアウト」の 2 カラムの例である。

> カラム：列のこと。

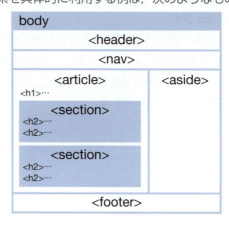

こうしたセクションの考え方は，HTML5登場以前からも存在しており，実際に用いられていた。それを実現していたのが <div> タグである。<div> タグとは，それ自身が意味を持たずに，段落の範囲やグループとしてのまとまりを表現するために使われるものである。

先ほどのセクションの例を <div> タグで再現すると，次のようになる。

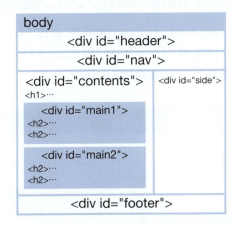

ここで用いられている id プロパティとは，そのページ内で要素を区別するための唯一の名前を付けることができるものである。同一の id 名は，1つの HTML ファイル内に1度しか用いることができない。この例のように，id 名に「ここはメインコンテンツを意味するところだ」「ここはフッターだ」というような意味付けを，HTML5 以前は，作り手側がやらなければならなかったのである。

現状の HTML5 になり，セクション要素の意味付けをタグのレベルで行えるようになった。しかし，<div> タグを利用しなくなったわけではなく，次節で扱う CSS を用いたスタイルシートを適用する場合，<div> タグは必要不可欠である。

7 トップページの作成－セクション－

例題 3 オンライン予約システムのトップページ「index.html」に，アウトライン構造に必要なセクション要素を追加しよう。

 index.html へのセクション関連要素の追加

> 本節 5 項「トップページの作成－基本構造－」の完成例で，各セクションの位置について再度確認しておこう。

先ほど入力した「index.html」に対し，セクション関連の要素タグを追加していく。具体的には，「ヘッダー」「メニュー」「メイン」「サイド」「フッター」の 5 か所である（要素タグの追加箇所は次の通り）。

・ヘッダー

index.html（追加）

```
  ⋮
08 :    <!-- ヘッダー：開始 -->
09 :    <header>
10 :      <p>部活・サークル等のグループ利用に最適！アットホームなペンション！</p>
  ⋮
13 :      <p>☎ 0120-000-000</p>
14 :    </header>
15 :    <!-- ヘッダー：終了 -->
  ⋮
```

・メニュー

index.html（追加）

```
  ⋮
16 :    <!-- メニュー：開始 -->
17 :    <nav>
18 :      <ul>
  ⋮
22 :      </ul>
23 :    </nav>
24 :    <!-- メニュー：終了 -->
  ⋮
```

・メイン

index.html（追加）

```
  ⋮
28 :    <!-- メイン：開始 -->
29 :    <main>
30 :      <article>
31 :        <section>
32 :          <h2><img src="./images/new.png"><br>更新情報</h2>
  ⋮
```

```
38 :            </dl>
39 :          </section>
40 :          <section>
41 :           <h2><img src="./images/about.png"><br>JikkyoPension について </h2>
 ⋮
56 :            </p>
57 :          </section>
58 :        </article>
59 :      </main>
60 : <!-- メイン：終了 -->
 ⋮
```

・サイド

index.html（追加）

```
 ⋮
61 :    <!-- サイド：開始 -->
62 :    <aside>
63 :      <section>
64 :         <h2> ご予約 </h2>
 ⋮
67 :         </ul>
68 :      </section>
69 :      <section>
70 :         <h2> お部屋紹介 </h2>
 ⋮
75 :         </ul>
76 :      </section>
77 :    </aside>
78 :    <!-- サイド：終了 -->
 ⋮
```

・フッター

> Brackets には，階層だけをまとめて非表示にするボタン「▶」があるので，必要に応じて表示・非表示を切り替え，階層構造を理解しよう。

```
1   <!DOCTYPE html>
2 ▽ <html lang="ja">
▶   <head> ⋯ </head>
8
9 ▽ <body>
10
```

index.html（追加）

```
 ⋮
79 :    <!-- フッター：開始 -->
80 :    <footer>
81 :      <p>Copyright c 2016 Jikkyo Pension All Rights Reserved.</p>
82 :    </footer>
83 :    <!-- フッター：終了 -->
 ⋮
```

入力したコードをブラウザーで確認しても見た目上の変化がないので少々残念に感じるかもしれないが，ここは，この後に導入するスタイルシートの適用のための準備と考えてもらいたい。

30H Academic **27**

2 CSSの基礎知識

1 CSSとは

▶ CSS：
Cascading Style
Sheets

CSSはWebページのスタイルを指定するための言語として1996年に登場し，その後，ブラウザーソフトのバージョンアップに従い，少しずつ進化をしてきた。見映えと構造を分離させることを目的として生まれたが，現在では，HTMLだけでは表現できない自由な表現や，複雑な配置を可能とするものとなっている。2016年現在，CSS4の公開草案がいくつか公開されているが，ようやくCSS3にほぼすべてのブラウザーソフトが対応を終えたばかりであるため，本書では，CSS3をベースに解説していく。

2 CSSの記述方法

CSSの記述方法は，次の通りである。

●セレクタ

「何に対してのスタイルを記述するのか」を指定する箇所である。HTMLのタグ名や，クラス名，ID名などをここに記述する。例では，HTMLの <h1> タグを選択（セレクト）している。これをシングルセレクタという。

▶ クラス名，ID名については後述。

ほかにも，セレクタを「，(カンマ)」で区切って，複数のセレクタをグループ化するグループセレクタと，セレクタを半角スペースで区切って，親子関係のある要素の下の階層にもスタイルを適用する子孫セレクタがある。

▶ 親子関係のある要素とは，例えば，<ul> と <li> のように入れ子状態の場合の，外側を親，内側を子とする関係のことである。

●プロパティ

「どのスタイルのことなのか」を指定する箇所である。ここには，CSSで規定されている書式を記述することになる。例では，色を意味する color を指定している。他にも，横幅である width や文字の大きさである font-size などがある。

●値

「どれくらいなのか」をプロパティに対して指定する箇所である。具体的な数値や色名など，CSSで規定されている値を記述することになる。例では，color プロパティに対して，「白」を意味するカラーコード「#ffffff」を指定している。

例では，プロパティ・値のペアを1つしか指定していないが，プロパティ＋値を「；(セミコロン)」で区切って，複数のプロパティを指定することも可能である。

3 CSSの記述箇所

CSSの読み込み方法として，次の3種類がある。

① インラインスタイル

```
<h1 style=" color: #ffffff; ">
```

これは，HTMLの各種タグに，styleプロパティを設定し，各種タグに直接スタイルを書き込む方法である。

② 内部スタイル

```
 ⋮
<head>
 ⋮
<style type="text/css">
<!--
h1 {color: #ffffff;}
-->
</style>
 ⋮
</head>
 ⋮
```

これは，HTMLの <style> タグ内に書く方法である。<style> タグは，<head> タグ内に記述する。また，スタイルシートに対応していないブラウザーのために，HTMLのコメントである「<!-- … -->」で，囲む慣習がある。

③ 外部スタイル

```
 ⋮
<head>
 ⋮
<link href="style.css" rel="stylesheet" type="text/css">
 ⋮
</head>        ここに拡張子が「.css」のファイルを指定
 ⋮
```

外部ファイルへスタイルシート情報を記述し，それをHTMLの <link> タグを用いて読み込む方法である。下線の「style.css」の箇所に，読み込ませたい拡張子が「.css」のファイルを指定する。

①～③のどの方法であってもスタイルシートを適用することができるが，メンテナンス性や，「見映えと構造を分離する」というCSSの目的を考慮するならば，W3Cが推奨している③の外部スタイルが望ましい方法であるといえる。

30H Academic

4 トップページへのCSS適用－ページ全体の装飾－

例題 4 オンライン予約システムのトップページ「index.html」に対し，ページ全体の統一した装飾を CSS で作成しよう。

1 CSSの入力（ページ全体の装飾）

早速，Brackets を用いて，トップページである「index.html」に対して CSS を作成し，適用してみよう。

これまでの拡張子が「.html」のファイルと同様に，名称未設定の空ファイルを作成し，名前を「style.css」として保存する。今回は CSS ファイルなので，「css」フォルダーの中に格納する。間違えないように注意しよう。

また，CSS を入力する際に，HTML ファイルの状態をつねに確認しながら入力すると効率的である。次のように Brackets とブラウザーを画面上で並べて作業すると，よりわかりやすい。また，Brackets のライブプレビューは，CSS にも効果があるので，入力したスタイルシートが即座に横にあるブラウザー上で確認できるため，快適かつ効率的に作業ができる。

 ライブプレビューの実行で確認を行う場合は，CSS ファイルではなく，HTML ファイルが選択された状態で実行することに注意する。

1 「style.css」に次のように入力する。

> ▶ Bracketsの入力
> 補完機能を利用し，
> 効率的に入力しよう。
> ▶ /*から*/まで
> はコメントである。
> コメントとは，処理
> とは無関係の記述で
> あり，メモなどを書
> いておける機能であ
> る。PHPのコメン
> トについては，p.52
> を参照。

```css
style.css

01 : @charset "UTF-8";
02 :
03 : / *************** 共通 *************** /
04 :
05 : html {
06 :   overflow: scroll; /* 領域をスクロール表示 */
07 : }
08 :
09 : body {
10 :   letter-spacing: 1px;   /* 文字の間隔 */
11 :   font-size: 12px;       /* 文字の大きさ */
12 :   color: #5A482B;        /* 文字色 */
13 : }
14 :
15 : br {
16 :   letter-spacing: normal;  /* 文字の間隔 */
17 : }
18 :
19 : a {
20 :   color: #5A482B;            /* 文字色 */
21 :   text-decoration: none;   /* 文字装飾 */
22 : }
23 :
24 : a:hover {
25 :   color: #6289C6;            /* 文字色 */
26 : }
```

プロパティの「名」が長いものもあるが，Bracketsの入力補完機能で候補が表示されるので，簡単に入力ができるはずである。むしろ，似たような名前のプロパティを入力してしまわないように注意して欲しい。同様に，プロパティの「値」についても，数値以外の値については入力補完機能を利用できるので，上手に利用しよう。

1行目の「@charset」の文字コードは，このCSSファイルに適用されるものである。必ず，ファイルの先頭に記述することに注意が必要である。

上記を入力しただけでは，当然ながらスタイルシートは適用されない。先述したように，このスタイルシートを拡張子が「.html」のファイルに適用する必要がある。

2 次のように，「index.html」内に「style.css」へのリンクを記述する必要がある。

```html
index.html（追加）

04 :   <meta charset="UTF-8">
05 :   <link href="./css/style.css" rel="stylesheet" type="text/css">
06 :   <title>JIKKYO PENSION</title>
```

「index.html」は「css」フォルダーと同じ階層に位置している。そのため，画像ファイルのパスと同様に「style.css」へのパスを正しく設定するためには，「./css/…」のように，「現在位置（カレントの指定）」が必要な点に注意する。

> ▶ 「.」は「ドット」
> と読む。

30H Academic　**31**

CSSファイルが正しく入力・適用されると，スタイルシートが適用されて画面の見た目が変化する。ここでの各プロパティ値の詳細は省くが，数値や色名などの各種プロパティ値を変更し，その変化の違いを確認するとよい。

5 idセレクタ・classセレクタの利用

もう少し詳しくCSSについて理解していこう。先の例では，各々 `<body>` や `<a>` などのタグに対してスタイルを適用した。しかし，この方法だと，そのページ内の同一タグはすべて同じスタイルとなってしまう。もちろん，デザインを統一する意味では当然のことなのだが，複雑なデザインを用いる場合は，同一タグすべてが同じスタイルになってほしくないケースもあるはずである。そこで用いられるのが，`class` と `id` である。

class セレクタとは

> class：部類，種類。

classプロパティを用いて「種類分け」をすることで，同じclass指定された要素のスタイルを統一することができる。HTML側の各種タグのclassプロパティにクラス名を付けておき，CSS側で「.クラス名」でスタイルを適用することができる。具体的な利用例を見てみよう。

HTML ファイル

```
：
<h1 class="test">test クラスの h1 タグ </h1>
<p class="test"> test クラスの p タグ　その 1</p>
<p class="test"> test クラスの p タグ　その 2</p>
<p> クラス指定無しの p タグ </p>
：
```

CSS ファイル

```
：
/* タグの種類に関係なく test クラスすべて適用 */
.test{  font-size : 50px;  }
/* test クラスの p タグに適用 */
p.test{  color: red;  font-size : 10px;  }
：
```

【実行結果】

> testクラスのh1タグ
> testクラスのpタグ　その1 ── 赤色
> testクラスのpタグ　その2
> クラス指定無しのpタグ

> CSSの優先度については，p.43の補足を参照。

この例では，「`class="test"`」を指定されている `<h1>` タグと `<p>` タグの2種類の計3つにスタイルが適用されている。そのうち，`<p>` タグについては，重複してスタイルが適用されることになるが，より詳細で後から指定されたほうが優先される

ルールがあるため，「p.test」で指定されているスタイルが適用されている。

このようにclass プロパティは，タグの種類に関係なく，複数種類のタグに対して一括してスタイルを適用することができる。

② id セレクタとは

id プロパティを用いることで，ある特定の 1 か所に対してスタイルを指定することができる。「ある特定の 1 か所」であるため，同一の id 名は，1 つの HTML ファイル内に 1 度しか用いることができないことに注意が必要である。HTML 側の各種タグの id プロパティに名前を付けておき，CSS 側で「#id 名」でスタイルを適用することができる。こちらも，具体的な利用方法を見てみよう。

HTML ファイル

```
：
<h1 id="test1"> id名="test1" の h1 タグ </h1>
<p id="test2"> id名="test2" の p タグ </p>
<p id="test3"> id名="test3" の p タグ </p>
<p id="test4"> id名="test4" の p タグ </p>
：
```

CSS ファイル

```
：
/* タグの種類に関係なく id名「test1」に適用 */
#test1{  font-size : 50px;  }
/* id名「test2」の p タグに適用 */
p#test2{  font-size : 10px;  }
/* id名「test3」と「test4」のタグに適用 */
#test3,#test4{  font-size : 5px;  }
：
```

【実行結果】

id名="test1"のh1タグ

id名="test2"のpタグ

id名="test3"のpタグ
id名="test4"のpタグ

この例では，「id="test1"」を指定されている <h1> タグ，「id="test2"」が指定されている <p> タグ，「id="test3"」「id="test4"」が指定されている <p> タグの 3 種類にスタイルが適用されている。

このように id プロパティは class プロパティと異なり，特定の 1 つのタグに対してスタイルを適用することができる。

30H Academic

6 CSSレイアウトの基本

class プロパティと id プロパティの利用を理解したところで，もう少し実用的な CSS の利用方法「レイアウト」について学習する。代表的なレイアウト手法を表で整理する。

名称	説明
固定レイアウト	ウインドウ幅にかかわらずつねに横幅を固定して表示
リキッドレイアウト	ウィンドウ幅に応じて横幅を伸縮
フレキシブルレイアウト	ウィンドウ幅に応じて一定の範囲内で横幅を伸縮
可変グリッドレイアウト	ウィンドウ幅が変更されるたびにコンテンツを再配置
1 カラムレイアウト	ウィンドウ幅全体を用いて上から下に配置
マルチカラムレイアウト	複数のカラムに情報を整理して配置
グリッドレイアウト	文字や写真，カラムなどを一定の規則に従い格子状に配置
フリーレイアウト	グリッドに囚われずに自由に配置
レスポンシブレイアウト	可変グリッドレイアウトをベースに，ウィンドウ幅などによりカラム数や画像サイズなどを柔軟に変更して配置
アダプティブレイアウト	基本的にはレスポンシブレイアウトと同じだが，ウィンドウ幅ではなくデバイスごとにレイアウトを変更して配置

レイアウトとは，画面における要素の割り付け位置のことである。スマートフォンやタブレットの普及に伴い，レイアウトの種類や考え方も変化してきており，近年ではレスポンシブレイアウトやアダプティブレイアウトのような，ウィンドウ幅や端末ごとに柔軟に変更される複合的なレイアウト手法が用いられることが多い。

本書では，PHP による Web アプリケーション構築が主目的であるため，各々のレイアウトについての言及は控え，基本的な CSS レイアウトについて学ぶ。

レイアウトについて必要な境界線と余白の考え方についても抑えておこう。

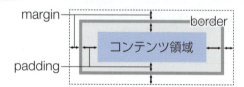

●境界線

要素の境界線を「border」という。「border」は「色，太さ，線の種類」を指定することができる。主な線の種類としては，「none(線なし)」「solid(実線)」「dotted(点線)」「dashed(破線)」「double(二重線)」がある。

●余白

境界線から考えて，隣り合う別の要素との間隔には「margin」，要素自身の内余白が「paddig」である。これらの余白には，「上下左右」「上下・左右」「上・左右・下」「上・右・下・左」の指定方法がある。半角スペースで区切って各々この順番で指定することになるのだが，少しわかりづらいので，具体例を見ておこう。

```
       ⋮
p.cr1 { margin: 5px; }              /* 上下左右 5px */
p.cr2 { margin: 5px 3px; }          /* 上下 5px, 左右 3px */
p.cr3 { margin: 5px 3px 2px; }      /* 上 5px, 左右 3px, 下 2px */
p.cr4 { margin: 2px 3px 3px 5px;}   /* 上 2px, 右 3px, 下 3px, 左 5px */
       ⋮
```

これらの境界線と余白の考え方に加えて，CSS では「float」と「positon」の2つの配置でレイアウトを作成していくことになる。順に見ていこう。

● float を用いた配置

「float」を使わない通常の配置の場合，各 HTML の要素は入力されたコード順に従い上から下へと縦に並ぶ。だが，「float」を用いるとこの流れから切り離され，左または右に浮いた状態になる。以降の要素は，「float」が指定された要素を避けるように横に空いた隙間に下から回り込んで配置されることになる。

> float：浮く

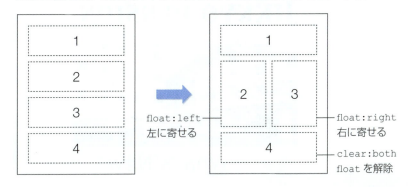

● position を用いた配置

「position」は，通常の上から下への配置や「float」を用いた配置順にかかわらず，表示位置を指定して自由に配置が可能な方法である。「position」は表示位置を指定するプロパティ扱いであり，通常は「static(通常配置)」である。これを「absolute(絶対配置)」に変更することで，ある位置への絶対座標指定が可能となる。

他にも，その要素の本来の位置を基準として座標を指定(上下左右にずらす)する「relative(相対的)」や，つねに body 要素を基準としてスクロールに影響されない「fixed(固定)」がある。

> 絶対座標：基準点(座標)をもとにそこからの距離を座標とする。

> 相対座標：ある特定の点(座標)との相対的な関係の位置を座標とする。

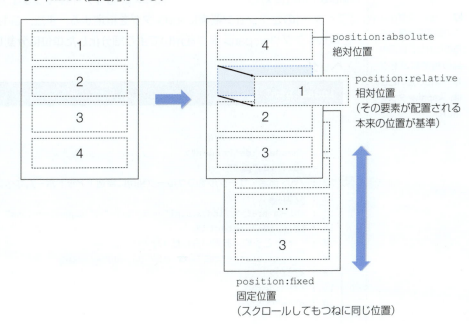

7 トップページへのCSS適用－レイアウトの指定－

例題 5 オンライン予約システムのトップページ「index.html」に対してより細かい CSS を適用するために，「id」「class」指定の入力をし，幅・余白・位置などのレイアウトのスタイルを CSS で入力しよう。

1 「id」「class」指定の入力

「index.html」に対し，「ヘッダー」「メニュー」「アイキャッチ」「メイン」「サイド」「フッター」のセクション要素に <id> タグを指定する。また，各セクション要素の中を <div> タグや <span> タグを用いてより細分化した単位に分割していく。

▶ <div> タグが段落の範囲を対象とするのに対し，段落内部の用語などをグループ化したいときは，<span> タグを用いる。

・ヘッダー

```
index.html（追加）
          ⋮
09 : <!-- ヘッダー：開始 -->
10 : <header id="header">
11 : <div id="pr">
12 :   <p>部活・サークル等のグループ利用に最適！アットホームなペンション！</p>
13 : </div>
14 : <h1><a href="./index.html"><img src="./images/logo.png" alt=""></a></h1>
15 : <div id="contact">
16 :   <h2>ご予約／お問い合わせ</h2>
17 :   <span class="tel">☎ 0120-000-000</span>
18 : </div>
19 : </header>
20 : <!-- ヘッダー：終了 -->
          ⋮
```

1 <header> タグに対して「id="header"」を指定する。

2 トップページの最初に表示される文字列について，「PR コメント」の領域として
<div> タグで区切り，「id="pr"」とする。

3 「ご予約／お問い合わせ」について，問い合わせに関する電話番号などを表示する領域として，<div> タグで区切り，「id="contact"」とする。また，電話番号表示部分もほかの文書から目立たせて表示したいため，<span> タグで区切り，「class="tel"」とする。ここで id プロパティを利用せずに class プロパティにしたのは，同一ページ内に電話番号を複数表示する可能性があるからである。

・メニュー

```
index.html（追加）
 ⋮
21 :  <!-- メニュー：開始 -->
22 :  <nav id="menu">
23 :    <ul>
 ⋮
```

1 <nav> タグに対して「id="menu"」を指定する。

・アイキャッチ

```
index.html（追加）
 ⋮
30 :  <!-- アイキャッチ：開始 -->
31 :  <div id="icatch">
32 :    <img src="./images/icatch.jpg" alt="">
33 :  </div>
34 :  <!-- アイキャッチ：終了 -->
 ⋮
```

1 「アイキャッチ」画像に対してスタイルを適用するために，<div> タグで区切り，「id="icatch"」を指定する。

・メイン

```
index.html（追加）
 ⋮
35 :  <!-- メイン：開始 -->
36 :  <main id="main">
37 :  <article>
38 :  <section>
39 :  <h2><img class="small" src="./images/new.png"><br> 更新情報 </h2>
40 :    <dl class="information">
41 :      <dt>2016-02-15</dt>
 ⋮
47 :  <section>
48 :  <h2><img class="small" src="./images/about.png"><br>JikkyoPension
      について </h2>
 ⋮
```

30H Academic | **37**

1 `<main>` タグに対して「`id="main"`」を指定する。

2 「new.png」と「about.png」の画像を表示している `<img>` タグに対し，サイズを統一するために「`class="small"`」を指定する。

3 「更新情報」内のリストを装飾するため，`<dl>` タグに「`class="information"`」を指定し，リスト内全体の日付がつねに同じ表記で統一されるようにする。

・サイド

---

index.html（追加）

```
  ⋮
68 :   <!-- サイド：開始 -->
69 :   <aside id="side">
70 :     <section>
  ⋮
```

---

1 `<aside>` タグに対して「`id="side"`」を指定する。

・フッター

---

index.html（追加）

```
  ⋮
86 :   <!-- フッター：開始 -->
87 :   <footer id="footer">
88 :     Copyright c 2016 Jikkyo Pension All Rights Reserved.
  ⋮
```

---

1 `<footer>` タグに対して「`id="footer"`」を指定する。

今回も，入力したコードをブラウザーで確認しても見た目上の変化がないので，再び残念に感じるかもしれない。しかし，セクション要素に加え，`<div>` タグによる区切りと id プロパティや class プロパティが指定されたことで，より個々のタグや領域を明確に指定することができるようになった。

本来，こうした id プロパティや class プロパティの指定については，Web ページのデザインの段階で明確に決定しておき，HTML の文書構造を作成する段階で予め入力をしておくものである。

② CSS の入力（レイアウトの指定）

すでに説明したように，HTML 文書は記述した順に従って上から下に並んだレイアウトとなってしまう。いくらセクション関連の要素タグで `<header>` タグや `<footer>` タグなどと指定しても，実際のレイアウトとの連携はなく，自身でその位置に配置する必要がある。

今回は，2 カラム（列）のマルチカラムレイアウトを採用し，「サイド」と「メイン」の各部が横に並ぶようにする。ほかの「ヘッダー」「フッター」「メニュー」については，そのまま縦に並ぶように構成する。その際，ポイントとなるのが，「つねにブラウザーの中央に配置されるにはどうしたらよいか」ということである。通常のレイアウト配置だと，座標の起点である「左」「上」に対して各々のコンテンツが寄ってしまうからである。

これを防ぐテクニックとして「`margin: 0 auto`」の指定がある。幅を「`width: 787px`」

と固定し，かつ，「margin: 0 auto」と指定すると上下のマージン（余白）を「0」に指定したことになり，かつ「auto」で左右のマージンは自動算出されることになるので，つねにブラウザーの中央に配置されることになる。難しく感じるかもしれないが，要するに「横幅固定値＋margin: 0 auto」の指定で，画面中央に配置されることになると覚えておこう。

これは，ヘッダー部だけ「margin: 0 auto」を指定しない例である。

> 上下のマージンに対して「auto」は効果がないので，左右のマージンにのみ「auto」が適用される。

ブラウザー幅をどれだけ広げてもヘッダー部以外の要素はつねに中央配置されるが，ヘッダー部はつねに左上に配置されているのがわかる。

では，さっそく前回入力済みの「style.css」に入力を追加しよう。

1.「ヘッダー」部について，「pr」と「contact」を「position:absolute」指定にし，絶対座標として位置を指定する。

> Web でよく用いられる数値単位を以下に記す。
> px：ピクセル
> 　　モニターの最小単位。
> em：エム
> 　　基準の文字の高さ（通常16px）の高さを1emとする単位。
> ％：パーセント
> 　　基準との割合によりサイズが変わる。

```
style.css（追加）

28 : /*************** ヘッダー *************** */
29 :
30 : #header {
31 :     position: relative;
32 :     width: 787px;
33 :     margin: 0 auto;
34 : }
35 :
36 : #pr {
37 :     position: absolute;
38 :     width: 787px;
39 :     left: 0;
40 :     top: 0;
41 : }
42 :
43 : #header h1 {
44 :     margin: 0;
45 :     padding-top: 25px;
46 : }
47 :
48 : #contact {
49 :     position: absolute;
50 :     bottom: 0;
51 :     right: 0;
52 : }
```

このページでは，PR 文章と問い合わせ先の位置は，ブラウザー幅の有無にかかわらず，つねに同じ位置で固定しておくことにする。

2 「メニュー」部も「ヘッダー」部と同様に「margin: 0 auto」を指定し，中央配置にする。また，リストについて，通常は縦に並んでしまうものを「float:left」で左詰めの横に並べる。これにより今後，「メニュー」の項目が追加になった際，縦並びだと不都合が生じることを回避する。

style.css（追加）

```
 ⋮
54 : /**************** メニュー ****************/
55 :
56 : #menu {
57 :     width: 787px;
58 :     margin: 0 auto;
59 : }
60 :
61 : #menu ul {
62 :     padding: 0;
63 :     text-align: center;
64 : }
65 :
66 : #menu li {
67 :     float: left;
68 :     width: 129px;
69 : }
70 :
 ⋮
```

3 「アイキャッチ」も他の箇所と同様に中央配置指定にする。

style.css（追加）

```
 ⋮
71 : /**************** アイキャッチ ****************/
72 :
73 : #icatch {
74 :     width: 787px;
75 :     margin: 0 auto;
76 : }
77 :
 ⋮
```

4 「コンテンツ」部を次のように指定する。

style.css（追加）

```
 ⋮
78 : /*************** コンテンツ ***************/
79 :
80 : #contents {
81 :     width: 787px;
82 :     margin: 0 auto;
83 :     padding: 10px;
84 : }
85 :
86 : #pageTop {
87 :     clear: both;
88 :     padding: 20px 0;
89 :     text-align: right;
90 : }
 ⋮
```

「コンテンツ」部は「メイン」と「サイド」の2つを横並びとして配置したものを1つにまとめて扱うコンテナ的な役割を果たす。また、ほかの箇所と同様に中央配置もしている。

この後の「メイン」と「サイド」を左右横並びにするために各々を「float: right」「float: left」にするが、それを解除する指定「clear: both」を「pageTop」という新たなid名で作成しておく。この役割は、最後の「フッター」部での指定でも構わないが、「更新情報」などは下へ次々に増える情報であるため、「同一ページのトップへ戻る」というリンクは、どのページでもつねに右下に配置しておくほうが、ユーザーに対して優しい。

> コンテナ：プログラムやWebなどで、データなどをまとめて格納するための構造。

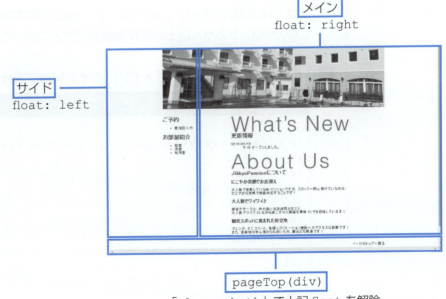

この「コンテンツ」については、セクションを追加した段階ではまだ<div>タグ

で区切っていないので，「メイン」と「サイド」を囲む形で新たに `<div>` タグを追加する必要がある。

5 「`pageTop`」の `<div>` タグと合わせて「index.html」に追加する。

> **「div id= "contents"」の追加は，メインとサイドが1つ内側の階層に入れ子になるため，新たにインデントを右にずらす必要がある。**
> **Brackets では複数行を選択後，Tab によりまとめてインデントを右にずらすことができるので活用しよう。**

```
index.html（追加）

 ⋮
33 :    </div>
34 :    <!-- アイキャッチ：終了 -->
35 :    <!-- コンテンツ：開始 -->
36 :    <div id="contents">
37 :      <!-- メイン：開始 -->
38 :      <main id="main">
 ⋮
68 :      </main>
69 :      <!-- メイン：終了 -->
70 :      <!-- サイド：開始 -->
 ⋮
86 :      </aside>
87 :      <!-- サイド：終了 -->
88 :      <!-- ページトップ：開始 -->
89 :      <div id="pageTop">
90 :        <a href="#top"> ページのトップへ戻る </a>
91 :      </div>
92 :      <!-- ページトップ：終了 -->
93 :    </div>
94 :    <!-- コンテンツ：終了 -->
95 :    <!-- フッター：開始 -->
96 :    <footer id="footer">
 ⋮
```

> 階層が1つ内側になるので
> インデントを右にずらす！

以上の準備により，「メイン」と「サイド」を float 指定した際も，「`pageTop`」により float 解除が行われ，以降の「フッター」はまた通常通り下に並ぶことになる。この方法は，3カラム以上の複数 float 指定などにおいても用いることができるので覚えておこう。

6 再び CSS の入力に戻って，「メイン」「サイド」の指定を行う。

```
style.css（追加）

  ⋮
 92 :  / **************** メイン（コンテンツ内）**************** /
 93 :
 94 :  #main {
 95 :     float: right;
 96 :     width: 547px;
 97 :  }
 98 :
 99 :  / **************** サイド（コンテンツ内）**************** /
100 :
101 :  #side {
102 :     float: left;
103 :     width: 200px;
104 :  }
  ⋮
```

先述の通り，「メイン」を「float: right」で右に浮かせた状態に，「サイド」を「float: left」で左に浮かせた状態にする。また「コンテンツ」としてこれらを囲んでいるコンテナが中央配置なので，「メイン」「サイド」どちらも中央配置となる。

7 最後に「フッター」を指定する。テキストそのものを中央配置とし，5pxの間隔でコピーライトを表示するようにする。

```
style.css（追加）
 ⋮
106 : /***************  フッター  ***************/
107 :
108 : #footer {
109 :   padding: 5px 0;
110 :   text-align: center;
111 : }
```

以上で，レイアウトに関するCSS指定の完成である。今回のような2カラムレイアウトは使いやすいので，ぜひ自分のものにしておこう。

補足　CSSの優先度について

ここで，CSSの優先度について簡単に触れておこう。今回の例でいくと，<body>タグにおいて全体の文字色を指定しており，<h1>タグや<ul>タグなど個々のタグは<body>タグ内にあるため，同様に<body>タグへのスタイルが適用されることになる。しかし，そうすると，このページ内の文字色はすべて統一されてしまい，変更できないのであろうか？

実は，CSSには優先度という考え方が存在している。実際には，ポイントによる計算など，少し複雑なルールが存在しているが，現状では，次の2点を覚えておけばよい。

・より詳細を指定したほうが優先される
・後から（コード内でより下のほうに）記述したほうが優先される

つまり，<body>タグでの指定は，個々のタグによるスタイルの指定をすることで，個々のタグのスタイルが優先される。

8 ページ装飾の仕上げ

例題 6 レイアウトの調整が終わったので，CSS ファイルによる最後の装飾を適用しよう。

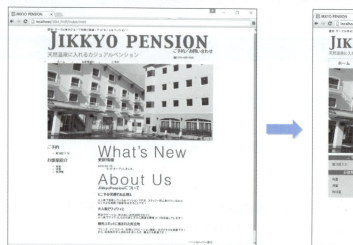 

1 CSS 装飾版を追加で適用する

本書は，PHP によるオンライン予約システムの構築が主であるが，やはり見た目の装飾にはこだわりたい。もちろん，自分で装飾 CSS を作成してもらいたいが，まずはダウンロードデータ内に用意された CSS を適用してみよう。

すでに学習したように，CSS ファイルを適用したければ拡張子が「.html」のファイル内に

```
<link href="./css/style.css" rel="stylesheet" type="text/css">
```

と記述すれば適用することができた。CSS ファイルは複数指定することが可能であるため，すぐ下の行に

```
<link href="./css/style_Deco.css" rel="stylesheet" type="text/css">
```

と 2 つ目の CSS ファイルを追加で指定しても適用することができるが，今回は，CSS ファイル内から別の CSS ファイルをインポートする。

1. ダウンロードデータ内の CSS ファイル「stlye_Deco.css」を「style.css」と同様に「css」フォルダーに保存する。
2. ファイルの先頭にある文字コード指定「@charset "UTF-8";」の 1 行下に「@import url("...");」で，外部ファイルのインポートとして指定する。

style.css（追加）

```
01 : @charset "UTF-8";
02 : @import url("style_Deco.css");
03 :
04 : /***************** 共通 *****************/
 :
```

この方法であれば，HTMLファイルに変更を加えずに，新たなCSSファイルを適用することが可能である。また，肥大化するCSSファイルに対し，今回のように「装飾に関するスタイルだけを別ファイルとする」と，管理のしやすさが増す。装飾が適用できたら，ブラウザーの画面とCSSファイルを互いに確認しながら，どの要素にどのような装飾が適用されているかを確認しよう。以下，簡単に概要を紹介する。

・ヘッダー部は，ロゴの画像サイズを固定し，「お問い合わせ」が右側に並ぶようにした。
・メニュー部は，操作しやすい大きさに拡大し，サイズを固定。また，カーソルが重なったとき(hover)の挙動を追加した。

・メイン部は，コンテンツごとのロゴ画像サイズを調整し，統一した。また，枠線で囲み，個々の区別をはっきりとさせた。
・サイド部は，サブメニュー的な意味合いから背景色を付け，差別化を図った。

また，トップページにおいて外見上の変更はないが，この後のページ作成のために，<table>タグとサムネイルに利用する<img>タグのサイズ統一なども追加してあるので，確認しておこう。
また，装飾について，自分なりの変更を加えてみてもよい。

9 一覧表示ページの作成

例題 7 すでに作成済みである「トップページ」をもとにして，「お部屋紹介」ページを作成してみよう。

※画像ファイルは，実教出版のWebページからダウンロードしたデータ内にあるので，「images」フォルダーに保存しておく。

部屋紹介ページの作成

「お部屋紹介ページ」を作成する。

▶ 「index.html」をファイルごとコピーし，ファイル名を「roomList.html」に書き換えてもよい。

1. 名称未設定の空ファイルを作成し，名前を「roomList.html」として保存する。
2. 「index.html」ファイルを開き，コードすべてを選択後にコピーを選択，「roomList.html」にペーストする。
3. お部屋紹介ページに不要な部分として「アイキャッチ」部分を削除する。
4. もともと記述してあった「メイン」部の内容を削除し，次の記述を追加する。

```
roomList.html （削除・変更）
  ：
28 : </nav>
29 : <!-- メニュー：終了 -->
30 : <!-- コンテンツ：開始 -->
31 : <div id="contents">
32 :   <!-- メイン：開始 -->
33 :   <main id="main">
34 :    <article>
35 :     <section>
36 :      <h2> お部屋のご紹介 </h2>
37 :      <h3> 自慢のお部屋をご紹介 </h3>
38 :      <p>
39 :       和室・洋室・和洋室と、ご希望に沿った形でお部屋をお選び頂けます。
40 :      </p>
  ：
```

トップページと同様に，<h2> タグと <h3> タグでコンテンツの説明を記述している。

46　PHP入門

⑤ HTML の <table> タグを用いて表を作成する。基本的な構造は，<table> タグ内に，列名 <th> タグ，列 <td> タグ，行 <tr> タグを用いて，「<tr><td>…</td></tr>」のセットが複数回続くイメージで表が構成されていく。

roomList.html（追加）

```
 ⋮
41 :      <table>
42 :        <th> お部屋名称 </th>
43 :        <th> お部屋タイプ </th>
44 :        <th> 一泊料金 <br>（部屋単位）</th>
45 :        <th colspan="2"> お部屋イメージ </th>
46 :        <tr>
47 :          <td> ゆとりの和室 </td>
48 :          <td> 和室 </td>
49 :          <td class="number">&yen;8,000</td>
50 :          <td><img class="small" src="./images/room_01_01.jpg"></td>
51 :          <td><a href="./roomDetail.html"> 詳細 </a></td>
52 :        </tr>
53 :        <tr>
54 :          <td> 落ち着きのある洋室 </td>
55 :          <td> 洋室 </td>
56 :          <td class="number">&yen;8,000</td>
57 :          <td><img class="small" src="./images/room_02_01.jpg"></td>
58 :          <td><a href="./roomDetail.html"> 詳細 </a></td>
59 :        </tr>
60 :        <tr>
61 :          <td> みんなで和洋室 </td>
62 :          <td> 和洋室 </td>
63 :          <td class="number">&yen;8,000</td>
64 :          <td><img class="small" src="./images/room_03_01.jpg"></td>
65 :          <td><a href="./roomDetail.html"> 詳細 </a></td>
66 :        </tr>
67 :      </table>
68 :    </section>
69 :  </article>
70 : </main>
71 : <!-- メイン：終了 -->
72 : <!-- サイド：開始 -->
73 : <aside id="side">
 ⋮
```

▶ 今後，この表のデータについては，PHP プログラムから出力して作成する形になるので，ダミーとして仮のデータを 3 件だけ入れている。こうしておけば，PHP プログラムの作成のときにイメージがつきやすい。確認するところまでできればよい。

▶ 「¥（円マーク）」は特殊文字で通常表示できないため，「¥」で表示している。

▶ 表内で，数値を右寄せ表示するため，「class="number"」を指定している。

▶ サムネイル画像は小さめの表示であるため，「class="small"」としている。

▶ 上記 2 つは，完成版 CSS にすでに組み込み済みであるため，このような指定で利用できる。

⑥ 「index.html」側に「roomList.html」へのリンクを追加し，完成とする。

index.html（追加）

```
 ⋮
21 :    <!-- メニュー：開始 -->
22 :    <nav id="menu">
23 :      <ul>
24 :        <li><a href="./index.html"> ホーム </a></li>
25 :        <li><a href="./roomsList.html"> お部屋紹介 </a></li>
26 :        <li><a href="#"> ご予約 </a></li>
 ⋮
```

30H Academic | **47**

10 詳細表示ページの作成

例題8 すでに作成済みである「トップページ」をもとにして，「お部屋詳細」ページを作成してみよう。

※画像ファイルは，実教出版のWebページからダウンロードしたデータ内にあるので，「images」フォルダーに保存しておく。

 部屋詳細ページの作成

「お部屋詳細ページ」を作成する。

> 「index.html」をファイルごとコピーし，ファイル名を「roomDetail.html」に書き換えてもよい。

1. 名称未設定の空ファイルを作成し，名前を「roomDetail.html」として保存する。
2. 「index.html」ファイルを開いて，コードすべてを選択後にコピーを選択し，「roomDetail.html」にペーストする。
3. 部屋詳細ページに不要な部分である「アイキャッチ」部分を削除する。
4. もともと記述してあった「メイン」部の内容を削除し，次の記述を追加する。

```
roomDetail.html （削除・変更）
  ⋮
28 : </nav>
29 : <!-- メニュー：終了 -->
30 : <!-- コンテンツ：開始 -->
31 : <div id="contents">
32 :   <!-- メイン：開始 -->
33 :   <main id="main">
34 :     <article>
35 :       <section>
36 :         <h2> お部屋の詳細 </h2>
37 :         <h3>『ゆとりの和室』</h3>
38 :         <p>
39 :           お風呂・トイレも部屋内にある、広めの和室です。
40 :           <br> 部活・サークルなど、気の合う仲間たちと大人数で利用するのに適しています。
41 :         </p>
42 :         <table>
```

> 部屋の詳細画像は,「class="middle"」とし,4枚の画像が並ぶ適正サイズにしている。

> 表内で,数値を右寄せ表示するため,「class="number"」を指定している。

> 上記 2 つも,完成版 CSS にすでに組み込み済みであるため,このような指定で利用できる。

```
43 :            <tr>
44 :                <td><img class="middle" src="./images/room_01_01.jpg"></td>
45 :                <td><img class="middle" src="./images/room_01_02.jpg"></td>
46 :            </tr>
47 :            <tr>
48 :                <td><img class="middle" src="./images/room_01_03.jpg"></td>
49 :                <td><img class="middle" src="./images/room_01_04.jpg"></td>
50 :            </tr>
51 :          </table>
52 :          <br>
53 :          <table>
54 :            <th> お部屋タイプ </th>
55 :            <th> 一泊料金 <br>（部屋単位）</th>
56 :            <th> アメニティ </th>
57 :            <tr>
58 :              <td> 和室 </td>
59 :              <td class="number">&yen;8,000</td>
60 :              <td> 部屋着、ドライヤー、シャンプー、リンス </td>
61 :            </tr>
62 :          </table>
63 :          <br>
64 :        </section>
65 :     </article>
66 :   </main>
67 :   <!-- メイン：終了 -->
  :
```

5 部屋の画像と詳細情報を表示するために，HTML タグの <table> タグを用いて表を縦に 2 つ並べて作成する。

6 すでに「roomList.html」側に「roomDetail.html」へのリンクが追加されているはずなので，確認を行う。これで「index.html」「roomList.html」「roomDetail.html」の 3 つの画面が繋がったことになる。。

3章 PHPの初歩

30H Academic ▷ PHP入門

これまで，Webアプリケーションの基本となる概要知識やWebページ作成に必要なHTMLの知識を学習した。この章では，いよいよ本題であるPHPの学習に入る。まずは，基本的な構造や利用方法から学習していこう。

1 PHPの基本

1 PHPとは

PHPとは，PHP: Hypertext Preprocessor（ピー・エイチ・ピー：ハイパーテキストプリプロセッサ）の略で，もともとはPersonal Home Pageの頭文字に由来して付けられた名前である。PHPは，Webアプリケーションの開発に適したプログラム言語であり，広く普及している。Webアプリケーション向けの言語には，ほかにPerl，Java，C言語などがあるが，こうした言語に比べると，文法のわかりやすさや，データベースとの連携が容易に行える点，Webアプリケーション開発に特化している点，実行速度の速さなどで優れている。

2 PHPの仕組み

通常，HTMLで記述されたWebページを閲覧する場合，そのWebページにアクセスすると，WebサーバーにあるHTML文書がそのままレスポンスとして返ってくるが，PHPの場合，まずWebサーバーに配備されているPHPファイルに記述されたプログラムが実行され，その結果がHTML文書として送り返される。

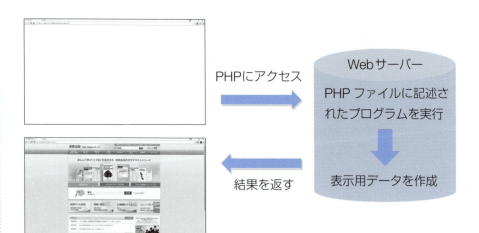

> ▶ スクリプトとは：プログラムの一種のこと。ソースコードを入力後，即座に実行可能なものを指す。この形式のプログラム言語を，スクリプト言語という。

つまり，PHPプログラム（PHPスクリプト）を用いることで，動的に表示を変更することができる。

2 PHPのスクリプトをHTMLに埋め込む

1 PHPで簡単なWebページを作る

例題 9 まずは，PHP を用いて簡単な Web ページを作成し，ブラウザーで確認しよう。

1 PHPを用いたWebページの作成とは

> XAMPP の Apache を起動しておくのを忘れないようにしよう。

> PHPプログラムの拡張子は「.php」である。

HTML や CSS と同様，Brackets を用いて，PHP ファイルを作成しよう。

① Brackets を起動後，メニューバーから[ファイル]→[新規作成]と選択し，生成される名称未設定の空ファイルに次のコードを入力して保存する。

> <?…?>のブロックについて，本書では左インデントで統一する。

```
Sample3_01.php
01:    <!DOCTYPE html>
02:    <html lang="ja">
03:      <head>
04:        <meta charset="UTF-8">
05:        <title>PHP を入力してみた</title>
06:      </head>
07:      <body>
08:    <?php
09:      // はじめての PHP コーディング！
10:      echo "<h2>PHP を入力してみました！</h2>";
11:    ?>
12:        意外と簡単ですね！
13:      </body>
14:    </html>
```

② 保存後，「ライブプレビュー」ボタンで実行し，ブラウザーで結果を確認しよう。「<?php」から始まる箇所が PHP による記述である。PHP はファイルを解析して開始タグと終了タグ（「<?php」と「?>」）を探し，コードを実行する。その後，echo 命令により文字列「<h2>PHP を入力してみました！</h2>」を出力し，「?>」で閉じている。サーバー内でこの文字列は HTML タグを含んだ形で出力され，結果として返される HTML 文書にそのまま埋め込まれることになるため，ブラウザーに表示されている画面では HTML タグである <h2> タグの効果が適用される。

> echo 命令：「echo」に続けて引数に文字列などを指定することで，その文字列を画面に出力する。同様の働きのあるものに print 命令がある。

2 PHPの基本的な構文

先ほど作成したサンプルをもとに，基本的な PHP の構文ルールを見ていこう。
なお，HTML タグについては，新たに登場するもの以外は説明を省略する。

● <?php で始まり ?> で終わる

PHPの開始タグから終了タグまでがPHPとして解釈される。逆にいえば，「<?php」
と「?>」に囲まれていない箇所については，通常の HTML として解釈されることに
なるため，HTML の中に自由に埋め込むことができる

●命令の終わりには「;」(セミコロン)を付ける

C 言語などと同様に，基本的に命令の終わりにはセミコロンを付ける。ただし，下
記のルールに従えば省略可能なケースもある。

```
①   <?php
     echo "セミコロンを ";
     echo "忘れずに！ ";
     ?>
②   <?php echo "終了タグにはセミコロンが含まれているため省略可 " ?>
③   <?php echo "PHP コードを含むファイルの最終行 終了タグも実は省略可 ";
```

①は，通常のケースである。PHP タグ内の 1 つの命令に対し，各々にセミコロン
が必要である。

②は，PHP 終了タグが命令の直後に書かれているケース。この場合のセミコロンは，
終了タグがセミコロンを含んでいると解釈されるため，省略可能である。

③は，セミコロンではなく，終了タグ「?>」が省略可能なケースである。ファイル
の終端における PHP 終了タグは省略可能である。

●コメント

コード内にわかりやすく説明を付ける機能としてコメント機能がある。コメント
箇所は PHP としてプログラム処理が行われないので，ここに処理や変数の説明を
書いておくとよい。PHP では次のルールに従いコメントを記述できる。

```
<?php
/ * 複数行用コメント
    もう一行分のコメント * /                        ①
echo "画面に表示されます ";        // 単一行用のコメント１ ── ②
echo "画面に表示されます ";        #  単一行用のコメント２ ── ③
?>
```

①は，「/ *」で開始され「* /」で閉じるまでのすべての複数行がコメント化される。
②は，「//」より後ろの記述が，改行されるまでコメント化される。
③は，「#」より後ろの記述が，改行されるまでコメント化される。
②と③は，基本的には同じであるが，②は C++ や Java などで慣れ親しんだ形で，
③は Perl などのシェルスクリプトで慣れ親しんだ形である。プログラムを作成す
る際どちらか好きなほうを使用すればよいが，プログラムの中では統一すべきで
ある。

> ▶ PHP コードの
最終行にはセミコロ
ンは不要だというこ
と。
> ▶ ファイルの最後
に余計な空白などが
含まれると，予期せ
ぬ動作を招く恐れが
あるため，PHP コー
ドしか書かれていな
いファイルの場合は，
終了タグを省略した
ほうが無難である。

52 │ PHP入門

3 型と変数

1 PHPにおける型とは

型とは，値の性質を表す概念であり，データ型とも呼ばれている。「1」「256」「65536」などは整数型であり，「3.14」などは浮動小数点型，「あいうえお」や「abc」などは文字列型となる。一般的なプログラム言語では，型の定義などを厳密に行わなければならないが，PHPでは型の定義を自動的に行ってくれるため，定義の宣言は不要である。コーディングの際に，型はあまり意識しなくてもよいが，PHPの挙動を知る上では型の概念を理解しておくとイメージが付きやすいので，ここで整理しておく。

2 PHPにおける変数とは

変数とは，値を格納するための入れ物のことであり，PHPでは「値そのものを変数という入れ物に格納する」と考える。変数を使用するためには，下記のルールに従って名前を付け，値を格納する。

$$\$ \text{変数名} = \text{値} ;$$

> 変数名には，アルファベット，_(アンダースコア)，数字が使用できる。

変数名については，上の左辺のように「$」+「変数名」で任意の名前を設定することができる。ただし，先頭の1文字目は数字を使用してはならない。また，変数は事前に宣言をしておく必要はなく，値を格納した時点からその変数を利用することができる。このように，値を格納することを「代入」という。また，代入のために使用される演算子「=」を代入演算子といい，右辺の値を左辺に代入する。

```php
<?php
// 変数の使用
$name = "PHP";
echo $name;          //$name に代入されている値「PHP」が表示される

$num = 10;
echo $num * 5;       //$num に代入されている値 10 に 5 を掛けた 50 が表示される
?>
```

数値や文字列などの値が変数に代入されると，変数は代入されている値そのもののように扱うことができる。上記のように，変数をecho命令などによって画面表示させたり，数値が格納された変数を他の数値と演算させたりといったことができる。

3 スカラー型とは

データ型のうち，代表的なものにスカラー型がある。スカラー型とは，1つの値だけを保持することができる型であり，次の4種類がある。

● 整数型（integer）

整数の型である。10進数（基数10），16進数（基数16），8進数（基数8），2進数（基数2）の各表記で指定が可能である。符号「-」を前に付けることで負の数も表現できる。扱うことができる数の範囲は，コンピューターのプラットフォームによって異な

> 64ビットプラットフォームでの最大値は，およそ 9*10^18(900 京)である。

るが，約 20 億(32 ビット符号付)が一般的な値である。

```php
<?php
// 整数型
$i = 1234;                    // 10 進数
$i = -123;                    // 負の数
$i = 0123;                    //  8 進数 (10 進数の 83 と等価 )
$i = 0x1A;                    // 16 進数 (10 進数の 26 と等価 )
$i = 0b11111111;             //  2 進数 (10 進数の 255 と等価 )
?>
```

● 浮動小数点数型(float)

小数の型である。float の大きさもコンピューターのプラットフォームによって異なり，通常は 10 進数で 14 桁の精度，最大値は～1.8e308 (64 ビット IEEE フォーマット)となる。PHP では，整数型で扱うことができる範囲を超える場合，その値は浮動小数点型に自動的に変換される(例えば，1/2 という除算の結果は，0.5 になる)。

```php
<?php
// 浮動小数点型
$f = 1.234;            // 小数を持つ数値
$f = 1.2e3;            // 指数形式  1.2×(10 の 3 乗 )
$f = 7E-10;            // 指数形式  E は大文字＆負の値も可  7×(10 の -10 乗 )
?>
```

● 論理値型(boolean)

真(TRUE)あるいは，偽(FALSE)のどちらかの値だけを持つ型である。大文字・小文字は影響ない(TRUE でも true でも問題ない)。

```php
<?php
// 論理値型
$b = true;            // 論理値 true (真)
$b = false;           // 論理値 false (偽)
?>
```

● 文字列型(string)

文字の型である。PHP で文字列を扱うには，次に示すような，「文字列を他と区切るために符号で囲む」というルールに従わなければならない。

① 引用符(「'」シングルクォーテーション)で囲む
文字列中に変数を含んでいても，変数名がそのまま表示される。
次に示すダブルクォーテーションより処理が高速になる。

② 二重引用符(「"」ダブルクォーテーション)で囲む
文字列中に変数を含んでいる場合，変数内の値に変換されて表示される。

③ ヒアドキュメントで囲む
ヒアドキュメントとは，「<<< ラベル ID(＋改行)」を指定して文字列を記述した後に，「同じラベル ID(＋改行)」で囲む方法である。二重引用符と同様に，文字列中に変数を含んでいる場合は，変数内の値に変換されて表示される。

```php
<?php
// 文字列型
$s1 = ' 文字列 ';

$s2 = '$s1';          //「 '」シングルクォーテーションで囲む
echo $s2;             // 変数名「$s1」がそのまま表示される

$s2 = "$s1";          //「 "」ダブルクォーテーションで囲む
echo $s2;             // 変数 $s1 の値である「文字列」が表示される

$s2 = <<<EOT
    ヒアドキュメントの例。
    複数行の文字列や変数を
    まとめて扱える。
    変数 $s1 の値は
{$s1} です！              変数名を { } で囲む！
EOT;
echo $s2;             // 複数行の文字列＋変数 $s1 の値が表示される

echo $s1." と ".$s2." を結合しました！";   // 変数と文字列の結合例
?>
```

> ヒアドキュメントを使用する際には，次の2点に注意する。
> ・最後のラベルIDは，必ず行頭に記述する（前後に余計な空白を含んではならない）。
> ・ラベル名の付け方のルールは，PHPの変数名と同じ。

他の文字列と変数を混在して出力しようとする場合，どこまでが変数名でどこまでが単なる文字列なのか区別がつかなくなってしまうことがある。これを避けるために，変数名を「{ } （半角中かっこ・ブレース）」で囲む必要がある。

> 文字列結合演算子は「.（ドット）」と同様に「,（カンマ）」を用いることも可能。

また，文字列と変数を結合し，新たな文字列として用いたい場合は，文字列結合演算子の「.（ドット）」を用いる。

4 スカラー型以外の型

> スカラー型以外の型については，現状，その存在だけ知っておけばよい。

PHPにはスカラー型以外にも，複合型や特別な型，特殊な型などがある。

配列型（array）とオブジェクト型（object）は，複数の値や処理などを保持できる型である。これら2つは，単純に1つの値を取り扱うスカラー型に対して複合型と呼ばれる。

リソース型（resource）は，データベースやファイルなど，外部のデータを扱うことができる特別な型である。

ヌル型（null）は，何の型も定義されていない状態，つまり「変数に何も値が代入されていない」ことを意味する特殊な型である。

4 制御構造

1 制御構造とは

プログラム処理の流れを制御するものを，制御構造という。すべてのプログラムは次のような「順次実行」「分岐実行」「繰り返し実行」の3つの基本構造を組み合わせて成り立っている。

・順次実行　　　：処理を上から順番に実行していく。
・分岐実行　　　：ある条件により複数の処理のいずれかを実行する。
・繰り返し実行：ある条件が満たされている間，同じ処理を繰り返す。反復処理(ループ) と呼ばれる。

2 比較演算子について

制御構造の内，分岐処理や繰り返し処理を実現するためには「条件式」が必要である。そこで用いられるものが「比較演算子」である。PHP の比較演算子を次の表にまとめた。

> 等しいときの演算子が，数学のように「=」が1つではないことに注意すること。

演算子	説 明	例	
==	等しい	$a == $b	$a と $b が等しいときに TRUE
===	等しい(型も含む)	$a === $b	$a と $b が値および型が同じときに TRUE
!=	等しくない	$a != $b	$a と $b が等しくないときに TRUE
!==	等しくない(型も含む)	$a !== $b	$a と $b が値または型が等しくないときに TRUE
<	より少ない	$a < $b	$a が $b より小さいときに TRUE
<=	以下(より少ないか等しい)	$a <= $b	$a が $b 以下のときに TRUE
>	より多い	$a > $b	$a が $b より大きいときに TRUE
>=	以上(より多いか等しい)	$a >= $b	$a が $b 以上のときに TRUE

3 論理演算子について

比較演算子を用いると単独の条件式を記述することができるが，もう少し複雑に「xxx かつ yyy」や「xxx または yyy」のように，複数の条件式を組み合わせれば，より複雑な条件式を記述することもできる。そのために用いるのが「論理演算子」である。PHP の論理演算子を次の表にまとめた。

演算子	記述例	意味
&&(または and)	a && b	論理積(a と b がともに TRUE の場合 TRUE)
||(または or)	a || b	論理和(a と b の少なくとも1つが TRUE の場合 TRUE)
xor	a xor b	排他的論理和(a か b のどちらか1つだけが TRUE の場合 TRUE)
!	!a	否定(a が TRUE の時に FALSE，FALSE の時に TRUE)

4 条件判定文(if-else-else if)

例題 10　**if 文による条件判定文を入力しよう。**

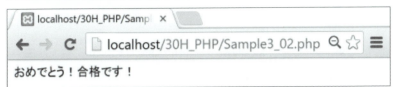

1 if 文による条件判定文

> if 文は「比較演算子」や「論理演算子」と組み合わせて複雑な条件を判定する事が可能である。

① Brackets を用いて次のファイルを作成し，コード入力後に保存する。

```
Sample3_02.php

01 : <?php
02 : $score = 100;
03 : if ($score >= 80) {              //$score が 80 以上か判定
04 :   echo "おめでとう！合格です！";   //$score が 80 以上ならば実行
05 : } else if ($score >= 50) {       //$score が 80 未満＆50 以上か判定
06 :   echo "惜しい！もう一歩でした！"; //$score が 80 未満＆50 以上ならば実行
07 : } else {
08 :   echo "残念…不合格です！";       //$score が 50 未満なら実行
09 : }
10 : ?>
```

② 「ライブプレビュー」ボタンで実行し，ブラウザーに表示される結果を確認する。

if 文は「もし〜だったら」という条件判定を行い，条件が合えば「if」以下の {} の処理を行う。「if」の条件に合わなければ，次は「else if」で条件判定を行い，さらに合わなければ次の「else if」に…と繰り返し，最後にどの条件にも合わなかったら「else」以下で処理を行う。

上の例では，$score に 100 が代入されるので，if 文の条件である「$score が 80 以上かどうか」の判定条件の結果は「真(TRUE)」となる。よって，「おめでとう！合格です！」が画面に出力される。

判定条件が 1 つだけでよければ，「else if」は不要である。また，「else」も，「if」の条件に一致しなかった場合に行いたい処理がとくになければ，記述は不要である。

補足　実行時にエラーが出てしまったときは？

せっかく頑張って入力したプログラムなのに，次のようなメッセージが表示されてしまうことがある。そんな場合は焦らずに表示されたメッセージを見てみよう。

```
Parse error: syntax error, unexpected end of file in
C:\xampp\htdocs\30H_PHP\Sample3_02.php on line 10
```

簡単に要約すると，「構文解析エラー：構文エラー … Sample3_02.php ファイル内の 10 行目です」という意味になるので，10 行目のソースをよく見て修正しよう。こうした入力ミスに気づき，自分で修正できるようになることは，エンジニアとして大切なことである。

5 条件判定文（switch）

例題 11　switch 文による条件判定文を入力しよう。

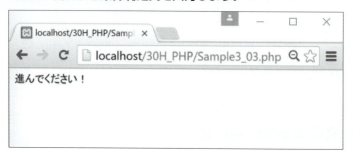

① switch文による条件判定文

1　Brackets を用いて次のファイルを作成し，コード入力後に保存する。

```
Sample3_03.php

01 : <?php
02 :   $color = "青";
03 :   switch ($color) {
04 :     case "赤":
05 :       echo "止まってください！";   //$color が赤ならば実行
06 :       break;                      //switch 文から抜ける
07 :     case "青":
08 :     case "緑":
09 :       echo "進んでください！";    //$color が青または緑ならば実行
10 :       break;                      //switch 文から抜ける
11 :     default:
12 :       echo "左右の確認を！";      //$color が赤，青，緑以外ならば実行
13 :   }
14 : ?>
```

2　「ライブプレビュー」ボタンで実行し，ブラウザーに表示される結果を確認する。

if 文が比較演算子などを利用した条件判定を行うのに対して，switch 文は「値」そのものによる判定により処理を分岐させる。条件となる「式(値)」を指定し，それが「case」の後の値に合えば，その後に続く処理を実行する。switch 文は一致した箇所以降の処理をすべて行ってしまうため，通常は break 命令を利用して処理を強制終了させる。

この例の switch 文は，変数「$color」の値によって分岐するようになっている。$color には「青」が代入されているので，「case"青"」以降の処理を行う。この時，「break 命令が書かれるまで処理をする」という挙動になるため，「case"緑" → echo "進んでください！" → break → switch 文の外に」という流れになる。switch 文の分岐に用いることができる「値」は，数値型と文字列型である。また，「default」以降については省略可能である。

6 繰り返し文（while）

例題12 while 文による繰り返し文を入力しよう。

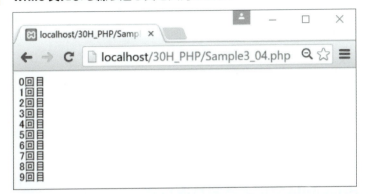

1 while文による繰り返し文

1 Brackets を用いて次のファイルを作成し，コード入力後に保存する。

```
Sample3_04.php

01 : <?php
02 :    $cnt = 0;              //$cnt に 0 を代入
03 :    while ($cnt < 10) {    //$cnt が 10 未満の間はループ
04 :        echo "{$cnt} 回目 <br>";  // 変数 $cnt と「回目」と改行タグを表示
05 :        $cnt++;            //$cnt に 1 を加算
06 :    }
07 : ?>
```

2 「ライブプレビュー」ボタンで実行し，ブラウザーに表示される結果を確認する。
while 文は，ある条件が続く限り処理を繰り返し実行する命令である。ここでいう条件とは，if 文と同様に比較演算子などを用いた条件式のことを指す。while 文では，最初に条件式による条件判定を行い，条件を満たしていればループ（{} 内）の処理が行われる。このように，最初に条件を確認する処理を「前判定型処理」という。この例での条件は「($cnt < 10)」の部分である。これは，「変数 $cnt が 10 未満の間は {} 内の処理を繰り返す」という意味になる。最初に「while」に処理が到達した際，$cnt に 0 が代入されているため，この条件を満たすことになり，{} 内の処理が行われる。{} 内では，変数「$cnt」と「回目」という文字列と HTML の改行タグ「
」をまとめ，「0 回目（改行）」と出力する。その後，変数「$cnt」に ++（インクリメント演算子）で 1 を加算し，{} 内の処理がこれ以上ないため，再度，条件「($cnt < 10)」の部分に戻る。$cnt は 0 から 1 に変化しているので，再度 {} 内の処理が行われて…と繰り返し，最終的に「9 回目（改行）」を出力した後，$cnt++ で $cnt が 9 から 10 になり，再度，条件「($cnt < 10)」の判定に戻った際，条件を満たさなくなるので，ループ処理から抜けることになる。

> 「++」は変数に 1 を加える演算子でインクリメント演算子という。逆に変数から 1 を引く演算子をデクリメント演算子といい「--」で表す。

7 繰り返し文（do-while）

例題 13　**do-while 文による繰り返し文を入力しよう。**

do-while文による繰り返し文

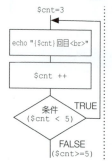

1. Brackets を用いて次のファイルを作成し，コード入力後に保存する。

   Sample3_05.php

   ```
   01 : <?php
   02 :    $cnt = 3;                    //$cnt に 3 を代入
   03 :    do {
   04 :        echo "{$cnt} 回目<br>";   // 変数 $cnt と「回目」と改行タグを表示
   05 :        $cnt++;                  //$cnt に 1 を加算
   06 :    } while ($cnt < 5)           //$cnt が 5 未満の間はループ
   07 : ?>
   ```

2. 「ライブプレビュー」ボタンで実行し，ブラウザーに表示される結果を確認する。
   do-while 文も while 文と同様に，ある条件が続く限り，処理を繰り返し実行する命令であるが，while 文との違いは，条件を満たす・満たさないにかかわらず，必ず1回はループ（{ } 内）の処理が行われる点にある。このように，後から条件を確認する処理を「後判定型処理」という。
   この例では，最初に変数「$cnt」に 3 を代入している。その後，「do { }」内に処理が入り，変数「$cnt」と「回目」という文字列と HTML の改行タグ「
」をまとめて「3 回目（改行）」と出力する。その後，変数「$cnt」に ++（インクリメント演算子）で 1 を加算し，ようやく条件である「($cnt < 5)」の部分に到達する。これは while 文の例と同様に「変数 $cnt が 5 未満の間は do { } 内の処理を繰り返す」という意味になる。$cnt の値は 4 であり，条件を満たしているので「do」まで戻り，処理が続く。その後，再び「4 回目（改行）」と出力され，変数「$cnt」に 1 を加算して 5 になるので，条件を満たさなくなる。よって，ループ処理から抜けることになる。
   文章で書くとややこしく感じるかもしれないが，条件の部分と，ループ内で変化する変数を見抜き，意味を理解できるようにしたい。また，while 文も do-while 文も条件を満たし続けてしまうような書き方をしてしまうと，永遠にループを抜け出さない「無限ループ」となってしまうので注意しなくてはいけない。

8 繰り返し文（for）

例題 14　for 文による繰り返し文を入力しよう。

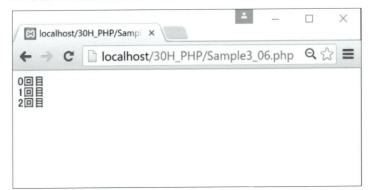

① for 文による繰り返し文

1. Brackets を用いて次のファイルを作成し，コード入力後に保存する。

```
Sample3_06.php
01 : <?php
02 :   for ($cnt = 0; $cnt < 3; $cnt++) {
03 :     echo "{$cnt} 回目 <br>";
04 :   }
05 : ?>
```

2. 「ライブプレビュー」ボタンで実行し，ブラウザーに表示される結果を確認する。

while 文以外の繰り返し文として for 文がある。for 文では 繰り返しの回数を担う「変数（カウンタ変数）の初期化」と「条件」「変数の増減」の 3 つを指定する。
処理の順番として，①変数の初期化，②条件判定，③ループ処理，④変数の増減，となる。この例では，最初にカウンタ変数である $cnt に 0 を代入して初期化し，その後，条件判定である「$cnt ＜ 3」の判定を行う。ここでは条件を満たしているので，変数「$cnt」と「回目」という文字列と HTML の改行タグ「
」をまとめて「0 回目（改行）」と出力した後に，{ } 内の処理がこれ以上ないためカウンタ変数の増減である「$cnt++」に処理が移り，$cnt に 1 が加算された後に，再度，「$cnt ＜ 3」の判定が行われる。$cnt の値は 1 なので，まだ条件を満たしていることになり，再びループ（{ } 内）の処理が行われる。これを繰り返して最終的に「2 回目（改行）」を出力した後，「$cnt++」で $cnt が 2 から 3 になり，再度，条件「$cnt ＜ 3」の判定に戻った際に条件を満たさなくなるので，ループ処理から抜けることになる。

while 文と for 文の違いとして大まかに，while 文は繰り返す回数が不定である処理にも用いることができるが，for 文については，繰り返す回数が決まっているときに利用することになる，と覚えておこう。後に説明する，配列（複数の変数を連続した箱で管理するようなもの）と for 文の相性がよいことも，合わせて頭に入れておこう。

9 breakとcontinue

例題 15 「break」と「continue」を利用した少し複雑な制御文を入力しよう。

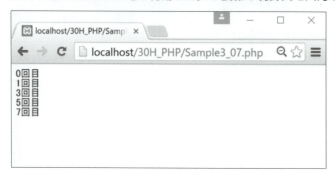

1 breakとcontinue を利用した制御文

① Brackets を用いて次のファイルを作成し，コード入力後に保存する。

```
Sample3_07.php
```

```php
01 : <?php
02 :   for ($cnt = 0; $cnt < 10; $cnt++) {
03 :
04 :     //$cnt が 2 または 4 または 6 かどうか
05 :     if ($cnt == 2 || $cnt == 4 || $cnt == 6) {
06 :       continue;    // 以降の処理をすべてキャンセルして，$cnt++ まで戻る
07 :     }
08 :     //$cnt が 8 かどうか
09 :     if ($cnt == 8) {
10 :       break;       // 以降の処理をすべてキャンセルして，for ループを抜ける
11 :     }
12 :     echo "{$cnt} 回目 <br>";
13 :   }
14 : ?>
```

② 「ライブプレビュー」ボタンで実行し，ブラウザーに表示される結果を確認する。
switch 文の際に触れた break 命令については，繰り返し文でも用いることができる。continue 命令とともに，繰り返し文の少し複雑な制御を，for 文を例に確認する。合わせて，論理演算子を用いた複数の条件式についても確認していくとよい。コード内のコメントをヒントに，実行結果が想像できただろうか？ プログラムを見たときに，実行結果を想像することも大切なことである。想像が難しいと感じた人は，次の for 文をもう一度思い出してみよう。

```php
<?php
   for ($cnt = 0; $cnt < 10; $cnt++) {
      echo "{$cnt} 回目 <br>";
   }
?>
```

この例では，「$cnt が 0 から始まり，1 ループごとに 1 ずつ $cnt が加算され，$cnt が 10 になったらループを抜ける」という処理である。条件式である

> 実行結果は、ブラウザーに表示される内容である。以後、サンプルに関しては、この表記で示す。

「$cnt<10$」だけに着目すると「$cnt が 10 になったら抜ける＝ $cnt は 9 までしか表示されない」と見抜くことができる。つまり、実行結果は次の通りになる。

```
【実行結果】
0 回目
1 回目
…＜中略＞…
8 回目
9 回目  ←ここを画面に出力したあと、$cnt++ が実行され、$cnt は 10 になっている
```

少し頭の整理がついたところで、次のコードを見てほしい。

```php
<?php
 for ($cnt = 0; $cnt < 10; $cnt++) {
   // 条件①：$cnt が 2 または 4 または 6 かどうか
   // ↑条件①を満たしていたら、以降の処理をすべてキャンセルして、$cnt++ まで戻る
   // 条件②：$cnt が 8 かどうか
   // ↑条件②を満たしていたら、以降の処理をすべてキャンセルして、for ループを抜ける
    echo "{$cnt} 回目 <br>";
  }
 ?>
```

0 回目〜9 回目までを表示する for 文に、わかりやすく日本語コメントで処理を追加したものである。ここで理解してほしいのは、複雑な制御構造の文を読解する際は、if {…} や for {…} のような、{…} の部分を 1 つのブロックとして考えるということである。この {…} のブロックを「コードブロック」と呼ぶ。各ブロック単位に、処理を 1 つひとつ捉えることで、全体の動きが見えてくる。

コメントにあるように、continue 命令は、それより下に書かれている処理をすべて飛ばし、再度 for 文のカウンタ変数増減や while 文の条件式に戻るという動きになる。break 命令は、その break 命令が属するコードブロック {…} を抜ける、という動きになる。switch 文のときも説明したが、基本的には同様の考え方である。今回は、論理演算子を用いて「$cnt が 2 かどうか」または「$cnt が 4 かどうか」または「$cnt が 6 かどうか」と、複数の条件を 1 つにまとめている。つまり、「$cnt の値が 2 または 4 または 6」のいずれかのときに条件を満たすことになり、満たした際は、それ以下の処理をすべてキャンセルして「continue; → for 文の $cnt++ まで戻る」となる。結果的に、画面出力することなく $cnt を 1 増やしていることになる。

また、「$cnt が 8 かどうか」については、その条件を満たした際は、それ以下の処理をすべてキャンセルして「break; → for 文そのものを抜ける」こととなる。結果的に、画面出力することなく、for {…} の外側に処理が移行する。

break 命令と continue 命令、そして「論理演算子を用いた複数条件式」を一度に整理するのは大変かもしれないが、実行結果をイメージしながら繰り返し読み、理解を進めてほしい。

30H Academic **63**

5 配列・連想配列

1 PHPにおける配列の利用

例題 16　「配列」を利用した PHP プログラムを入力しよう。

1 配列とは

① Brackets を用いて次のファイルを作成し，コード入力後に保存する。

```
Sample3_08.php
01 : <?php
02 : $a1 = array("赤","青","黄");
03 : echo $a1[0];          //1 個目（0番目）の要素を画面表示
04 : echo $a1[1];          //2 個目（1番目）の要素を画面表示
05 : echo $a1[2];          //3 個目（2番目）の要素を画面表示
06 : echo "<br>";          // 改行コードを出力
07 :
08 : $a1[3] = "緑";         //4個目（3番目）の要素を追加
09 : $a1[] = "紫";          //最後（今回は 4 番目）の要素を追加
10 :
11 : var_dump($a1);        // 配列の要素全体を画面表示する関数
12 : ?>
```

▶ var_dump( )：
( )内の引数に配列変数を指定することで，配列情報をわかりやすく出力する関数。

▶ PHPには，ほかにも多くの関数が存在する。公式マニュアルを参照するとよい。マニュアルについては，p.65 の補足を参照。

② 「ライブプレビュー」ボタンで実行し，ブラウザーに表示される結果を確認する。
先に学んだ「変数」は，「値を格納するための入れ物」であり，1 つの変数に 1 つの値しか格納することができなかった。「配列」とは，そうした変数が連続して連なった大きな箱のようなもので，複数の値を格納できる。例えば，30 人のクラスメイトのテストの得点を管理するプログラムの場合，「変数」では 30 個も用意する必要があるが，「配列」の場合は 1 つの「配列」だけでよく，その配列に 30 個の値を格納できる区切りがなされていると考えればよい。
「配列」では，「どこに値を格納したか」「どこから値を取得するか」という「位置」を指定する必要がある。そこで，通常の配列では「添え字（インデックス）」で「何番目なのか」の位置を指定する。「添え字」は「0」から始まる数字で指定する。

2 PHPにおける配列

「配列」を PHP で利用する場合は，いくつかの方法がある。その方法を例を示しながら見ていこう。

① array() 関数を用いるケース

$変数名 = array("グー","チョキ","パー");

② 添え字を指定するケース

$変数名[0] = "グー";
$変数名[1] = "チョキ";
$変数名[2] = "パー";

③ 添え字を指定しないケース

$変数名[] = "グー";
$変数名[] = "チョキ";
$変数名[] = "パー";

> array():
> 配列を作成する関数。

それぞれ作成方法は異なるが，①も②も③も「同じ値」が「同じ位置」に格納されている配列が生成される。

PHPの配列は，各々の要素が異なる型であっても1つの配列に格納可能であり，ほかのプログラム言語とは異なる柔軟性を持っている。

補足＋ PHPマニュアルについて

本書では，Webアプリケーション構築のために必要な，最低限の知識のみを取り扱っている。PHPは，奥が深く，関数をはじめとして，本書で触れない多くの技術が存在する。下記に，「PHPマニュアル(日本語)」のリンクを記すので，より理解を深めるために，是非とも参照してほしい。

「PHPマニュアル(日本語)」
http://www.php.net/manual/ja/

30H Academic 65

2 連想配列の利用

例題 17 「連想配列」を利用したPHPプログラムを入力しよう。

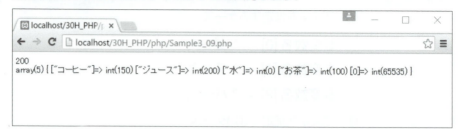

① 連想配列とは

1 Bracketsを用いて次のファイルを作成し，コード入力後に保存する。

```
Sample3_09.php
01 : <?php
02 : $a1 = array(" コーヒー " => 150,
03 :              " ジュース " => 200,
04 :              " 水 " => 0);
05 : echo $a1[" ジュース "];    // キーが「ジュース」の要素を画面表示
06 : echo "<br>";              // 改行コードを出力
07 : $a1[" お茶 "] = 100;       // キーが「お茶」，値が「100」の要素を追加
08 : $a1[] = 65535;            // キーを未指定，値が「65535」の要素を
09 :                            // 追加 → キー「0」が自動的に設定される
10 : var_dump($a1);
11 : ?>
```

2 「ライブプレビュー」ボタンで実行し，ブラウザーに表示される結果を確認する。前述の「配列」と異なり，「連想配列」では「キー」と呼ばれる文字列で値を格納する位置を指定する。「キー」には，「配列」の添字のような単なる数値ではなく，人間がコードを見た際に格納されている値の内容を理解しやすいものを付けることができる。その利用方法を見ていこう。

① array()関数を用いるケース

　　$変数名 = array("KEY1" => " グー ",
　　　　　　　　　　 "KEY2" => " チョキ ",
　　　　　　　　　　 "KEY3" => " パー ");

② 「キー」+「値」のペアを個々に指定するケース

　　$変数名 [KEY1] = " グー ";
　　$変数名 [KEY2] = " チョキ ";
　　$変数名 [KEY3] = " パー ";

それぞれ作成方法は異なるが，①も②も「同じキー」で「同じ値」が格納されている連想配列が生成される。

3 for 文と配列の利用（foreach）

例題 18　foreach 文を用いた，「配列」からすべての要素を１つひとつ順番に取り出すプログラムを入力しよう。

1　for 文と配列の利用（foreach）

① Brackets を用いて次のファイルを作成し，コード入力後に保存する。

Sample3_10.php

```
01 : <?php
02 : $a1 = array(1,2,3,4,5 );
03 : $sum = 0;                    // 合計用変数
04 : foreach($a1 as $value){      // 配列の要素数分ループ（＝5回）
05 :    $sum = $sum + $value;     // 配列の要素が順番に $value に代入されるので，
06 : }                            // その値を $sum に加算
07 : echo "合計は{$sum}です！"; // 画面に出力
08 : ?>
```

> この場合の「as」は，「～として」と訳す。つまり「foreach（配列変数 as 変数）」で，「配列の要素を（ループごとに）変数として扱う」と捉えるとよい。

② 「ライブプレビュー」ボタンで実行し，ブラウザーに表示される結果を確認する。
for 文は，繰り返す回数が決まっているときに利用すると学習した。その性質は，「配列」との組み合わせでよく用いられる。それは，次のように，for 文を用いて「配列」からすべての要素を１つひとつ順番に取り出す機会が多いからである。

```
<?php
 $a1 = array(1,2,3,4,5);
 $sum = 0;                             // 合計用変数
 for ($cnt = 0; $cnt < 5; $cnt++) {    //5回ループ
    $sum = $sum + $a1[$cnt];           // 配列の要素を順番に $sum に加算
 }
  echo "合計は{$sum}です！";         // 画面に出力
 ?>
```

【実行結果】
合計は 15 です！

上記の例では，配列の要素数の分だけ，for 文を繰り返すようにしている。繰り返す条件は「$cnt ＜ 5」の部分だが，これは，配列の要素数を戻す count() 関数を用いると「$cnt ＜ count($a1)」と書き換えることができる。
このように，複数の要素を含む配列から，すべての要素を取り出して利用するケースは多い。そこで，用いられる命令が foreach 文である。

今回の例でも，配列の要素数の分だけ，foreach 文が繰り返されることになるが，for 文と異なる点は，繰り返す条件が存在せず，配列の要素数分だけ必ず処理が行われるという点である。「$a1 as $value」の部分で，配列 a1 の中身をループ処理が 1 周するごとに value に代入するという意味になる。つまり，

```
value = $a1[0];   //1 周目
   ⋮
value = $a1[1];   //2 周目
   ⋮
value = $a1[2];   //3 周目
   ⋮
value = $a1[4];   //5 周目
```

上記のような動きとなり，5 周目の時点でこれ以上配列の要素が存在しないためループが終了される。このように，配列の要素を先頭からすべて順番に用いる場合に，foreach 文は便利な文である。

また，この foreach 文は，次のように連想配列にも用いることができる。

```php
<?php
$a1 = array("カレー" => 650,
            "オムライス" => 800,
            "ハンバーグ" => 1000);
  foreach($a1 as $key => $value){  // 配列の要素数分ループ（＝ 3 回）
    echo $key."=>".$value."<br>";   // 連想配列のキーが $key に，
                                    // 値が $value に順番に代入される
}
?>
```

【実行結果】
カレー =>650
オムライス =>800
ハンバーグ =>1000

このように，連想配列に用いる場合には「キー」と「値」それぞれが，ループが 1 周するごとに代入されることになる。各ループの動きをみると，次のように

```
key=" カレー ";
value = 650;     //1 周目
   ⋮
key=" オムライス ";
value = 800;     //2 周目
   ⋮
key=" ハンバーグ ";
value = 1000;    //3 周目
```

「キー」と「値」のペアが，変数「key」と「value」にそれぞれ代入されていることがわかる。

実習 01 変数の利用（文字列結合と四則演算）

次の未完成コード「hensuTest.php」を修正し，完成例のように文章が正しく表示されるページを完成させなさい。ただし，下記の PHP 変数を用いて，文字列結合と四則演算を用いること。

名前：$name

年齢：$age

hensuTest.php（未完成）

```
01 : <!DOCTYPE html>
02 : <html lang="ja">
03 :   <head>
04 :     <meta charset="UTF-8">
05 :     <title>変数テスト</title>
06 :   </head>
07 :   <body>
08 : <?php
09 :     $name = "PHP";
10 :     $age  = 22;
11 :       私の名前は $name、年齢は $age 歳です！<br>
12 :       来年は $age 歳になりますが、<br>
13 :       その時までには Web エンジニアとして成長してみせますっ！！<br>
14 : ?>
15 :   </body>
16 : </html>
```

■ 完成例

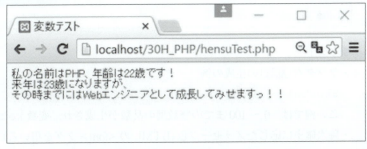

> 文字列結合の方法をもう一度整理しておく。基本的には，$name." は ".$age のように「.(ドット)」または，「,(カンマ)」で結合する。
> または，
> "{$name}は{$age}歳です"
> のように，文字列の中に変数を{}で囲んで埋め込んでいく。どちらも使いこなせるようになっておこう。

※ $age には「22」が代入されているので，12 行目に，「$age + 1」という四則演算（この場合は加算）を用いたいが，単純に「$age + 1」を文字列と結合させてしまうと，エラーとなってしまう。演算した結果を文字列とするためには，「文字列結合」よりも先に「演算」を実行させればよい。つまり，数学と同様に「($age + 1)」とカッコを付けて演算を優先的に行わせればよい。

実習 02　条件判断文の利用（if・switch による条件判断）

次の未完成コード「ifTest.php」を修正し，ランダムに生成される降水確率ごとに表示されるメッセージの色が変化するページを作成しなさい。

ifTest.php（未完成）

```
01 : <?php
02 :     $kousui = rand(0,100);    //0-100 までの乱数を生成
03 :     $color  = "black";        // 仮の色指定
04 :     // 条件分岐処理を記述（※ 複数行）
05 :
06 :
07 :
08 :
09 :
10 :
11 :
12 :
13 :
14 :     echo "降水確率は <font color='"
15 :         .$color."'>"
16 :         .$kousui."</font> パーセントです！";
17 : ?>
```

> rand( )：
> ( ) に引数として最小値と最大値を指定すると，その範囲内で整数型の乱数値を戻す関数。

■ 完成例

> if 文・switch 文，どちらでも記述することが可能だが，まずは if 文に挑戦しよう。

●ヒント

・ランダム（乱数）の生成の例

　$kousui = rand(0,100);

　この例では，0〜100 までの整数型の乱数が生成され，変数 kousui に代入される。

・降水確率に応じたメッセージ色（HTML の <font> タグを用いる）

　100〜80　：　<font color="blue">
　79〜50　：　<font color="skyblue">
　49〜20　：　<font color="orange">
　19〜　　：　<font color="red">

> 慣れないうちは「.(ドット)」による文字列結合の入力に注意する。

※ PHP タグと HTML タグが混在する際は，「"（ダブルクォーテーション）」と「'（シングルクォーテーション）」の使い分けに注意が必要である。HTML タグ内のプロパティとして「"」を用いたい場合，PHP の文字列を区切る「"」と区別が付かなくなってしまう（二重引用符が二重になってしまう）からである。その際は，ifTest.php の 14 行目のように，HTML のプロパティ側の「"」を「'」に変更する。

実習 03 繰り返し文の利用（forによる繰り返し）

次の未完成コード「forTest.php」を修正し，完成例のような三角形の描画を完成させなさい。ただし，for文を2回用いること。

forTest.php（未完成）

```
01 : <?php
02 :   //for文①：開始
03 :
04 :     //for文②：開始
05 :
06 :       echo "■";
07 :     }
08 :     //for文②：終了
09 :     echo"<br>";
10 :   }
11 :   //for文①：終了
12 : ?>
```

■ **完成例**

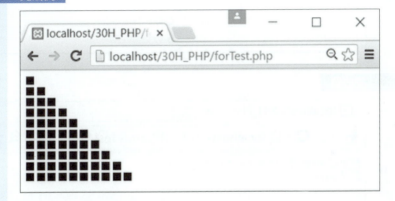

※ for文は自らの文の中に，さらにfor文を入れ子状態で記述することができる。これを「for文のネスト」という。「外側のfor文が1周するごとに，内側のfor文が何周するべきなのか」を考えるとよい。

実習 04 配列の利用（foreach 文を用いて配列の全要素を取り出す）

次の未完成ファイル「arrayTest1.php」を修正し，完成例のような「配列の中身すべてと，その中の最大値を画面に出力する」処理を完成させなさい。

arrayTest1.php（未完成）

```
01 : <?php
02 :    //10 個の乱数を持つ配列 values を作成
03 :    for ($i = 0; $i < 10; $i++) {
04 :      $values[] = rand(0,99);
05 :    };
06 :    $max = 0;  // 仮の最大値を設定
07 :    echo "配列の中身：[";
08 :    // 配列の中身をすべて出力＆最大値の設定（※ 複数行）
09 :
10 :
11 :
12 :
13 :
14 :
15 :    echo "]<br>";
16 :    echo "最大値は ".$max." です！";
17 : ?>
```

■ 完成例

※配列の要素すべてを取り出すためには，foreach 文を用いるとよい。最大値の設定は，foreach 文が1周するごとに「今現在の最大値」と比較し，より大きい値であれば最大値を更新していく。

実習 05　連想配列の利用（連想配列による表（テーブル）の作成）

次の未完成コード「arrayTest2.php」を修正し，完成例のような表を作成する処理を完成させなさい。

arrayTest2.php（未完成）

```
01 : <?php
02 :     // 商品名，単価を持つ連想配列 itemArray を作成
03 :     $itemArray = array(" 鉛筆 " => 120,
04 :                        " 消しゴム " => 100,
05 :                        " はさみ " => 400);
06 :
07 :     //table タグで表を作成
08 :     echo "<table border='1'>";
09 :     echo "<th> 商品名 </th><th> 単　価 </th>";
10 :     //itemArray より要素を取得して表示（※ 複数行）
11 :                                         //foreach の開始 {
12 :                                         //tr の開始
13 :                                         //td.../td
14 :                                         //td.../td
15 :                                         //tr の終了
16 :     }                                   //foreach の終了 }
17 :     echo "</table>";
18 : ?>
```

■ **完成例**

※ HTML の <table> タグを用いて表を作成する。基本的な構造は次のとおりである。

```
<table>
    <th>列名 1</th>
    <th>列名 2</th>
  <tr>
    <td>値 1</td>
    <td>値 2</td>
  </tr>
</table>
```

4章 データベースの利用

30H Academic ▷ PHP入門

本章では，データの集合であるデータベースを利用する方法を学ぶ。本格的なWebアプリケーションにはデータベースは不可欠である。本書ではXAMPPに標準で含まれている「MySQL」というソフトウェアを使用する。環境構築などの解説は省き，データベースを操作する言語であるSQLやリレーショナルデータベースの考え方などを中心に学習する。

1 データベースとは

1 コンピューターを利用した情報整理

私たちは，情報ならば整理する方法としてノートやメモ帳へ記録し，写真やカードならばアルバムやファイルで整理することなどが考えられる。数冊であれば，どこに何が記されているかがすぐわかるかもしれないが，何十，何百，何千冊と記録やファイルが増えていくと，どこにどんな情報や写真があるのかについて，瞬時に探し出すことは難しい。コンピューターを用いた情報整理の強みは，これらのアナログな方法とは異なり「大量のデータを保存しておき，必要なときに必要な形で，素早く取り出せる」ことである。それを実現しているのが，データベースマネジメントシステムである。コンピューター上にこうしたシステムやソフトウェアを導入することでデータベースが構築され，データの管理や運用を効率よく行うことができる。

DBMSソフトウェアの主なものとして，オラクル社のORACLEやMicrosoft社のSQL Serverなどのメーカー製のものと，MySQLやPostgreSQLなどのオープンソースのものがある。オープンソースというと，無償で入手可能であるため，実際のシステムなどで利用されていないと考えるかもしれないが，MySQLをはじめとする主要なオープンソースデータベースは，本番環境でも稼働しており，信頼性は高いといえる。

> ▶ データベースマネジメントシステムは，DBMSと略される。
> ▶ オープンソース：ソースコードを無償公開していることを基本とするライセンス方式。

2 データベースの種類

データベースの種類には，関係(リレーショナル)データベースやオブジェクト型データベース，カード型データベースなどの種類があるが，一般的に企業やWebアプリケーションで用いられているのは，リレーショナルデータベースである。特徴として，データは表(テーブル)で管理され，複数のテーブルを関係付け(リレーションシップ)によって連結することも可能であり，関係モデルで構築されている。

リレーショナルデータベースはMicrosoft Excelなどの表計算ソフトを思い浮かべるとイメージが付きやすい。1つひとつの表を「テーブル」といい，テーブルの列を「フィールド」，テーブルの行を「レコード」という。テーブルには，通常，複数のフィールドが存在し，また，複数のレコードが格納される。そして，テーブルも複数存在し，それぞれをときには関連付けて組み合わせたりすることで，必要なデータを抽出するのである。

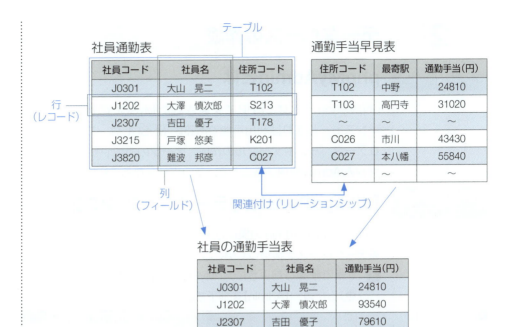

3 SQLとは

> SQL：
> Structured Query Language

> DDL：
> Data Definition Language

> DML：
> Data Manipulation Language

> DCL：
> Data Control Language

SQLとは，リレーショナルデータベース管理システム（RDBMS）において，データの操作・定義・制御を行うためのデータベース言語（問い合わせ言語）である。

●データ定義言語（DDL）

データベースの構造を定義する際に用いられる。主な命令として，「CREATE」（新しいデータベースの構築），「DROP」（すでに存在するデータベースの削除），「ALTER」（すでに存在するデータベースオブジェクトの変更），「TRUNCATE」（全データの削除）などがある。

●データ操作言語（DML）

データベースに対し，データの検索・登録・削除・更新を行うために用いられる。主な命令として，「SELECT」（検索），「INSERT」（登録），「UPDATE」（更新），「DELETE」（削除）がある。

●データ制御言語（DCL）

データベースに対し，データへのアクセス制御を行うために用いられる。「GRANT」（特定の操作権限を与える），「REVOKE」（すでに与えた権限を削除）などがある。

SQLは，各種プログラム言語との相性がよく，企業システムやWebアプリケーションにおいて広く用いられている。テーブルから必要なレコードのみを抽出，表示された抽出結果の並べ替えおよび集計などの操作が必要な際には，データ操作言語としてのSQLがよく用いられる。例えば，本書で取り扱うWebアプリケーションは，クライアント側の画面をHTMLで作成し，ユーザーの操作に対してWebサーバーがリクエストを受け取った際に，PHPプログラムによってデータベースサーバーからデータの抽出を行い，プログラム的に表示を加工したデータをレスポンスとして戻す，という動作になる。

2 データベースの作成

1 phpMyAdminとは

phpMyAdminとは，PHPで実装されたMySQLの管理ツールであり，XAMPPをインストールすれば利用可能である。MySQLは，コマンドラインからの入力によりデータベースやテーブルの作成，データの追加や参照などを行うことができるが，phpMyAdminを用いることで，ブラウザーからこれらの操作を行うことができる。

2 「JikkyoPension」データベースの作成

実際にphpMyAdminの操作方法を学びながら，オンライン予約システムで必要となるデータベースを構築していこう。

1 1章で確認したように，「MySQL」を【Start】押下で起動（文字背景色が緑色に変更）した後，【Admin】を押下する。

> 図は，「MySQL」を起動後のものである。このため，【Start】が【Stop】に変わっている。

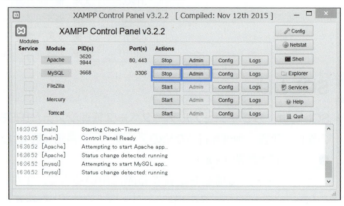

下記の画面が表示されれば，無事にphpMyAdminが起動できたことになる。

2 画面左上の【New】を押下し，新規データベース作成画面を表示する。

3 【データベース】タブを選んで，データベース名に「jikkyo_pension」と入力し，照合順序を「utf8_bin」と選択して【作成】を押下する。

> 「utf8_bin」に変更することで，データベース上でも正しく日本語の文字を使用することが可能になる。

4 ユーザーやテーブル構造などを作成する SQL を実行するため【SQL】タブに移動する。SQL 欄に SQL を入力することができる。

5 ダウンロードデータ内の SQL ファイル「jikkyo_pension_Table.sql」をドラッグ＆ドロップするか，メモ帳や Brackets などで SQL ファイルを開いた後に中身のテキストをコピーして貼り付けて【実行】を押下する。

> ユーザーやテーブル構造の SQL 文は実教出版の Web ページからダウンロードする。

> 環境によっては，「localhost」を「%」にする必要がある。詳しくは，SQLファイルのコメント欄を参照。

> phpMyAdmin の起動時に，セキュリティホールに関する警告が表示されるが，今回は学習用環境なので，設定しなくてもよい。

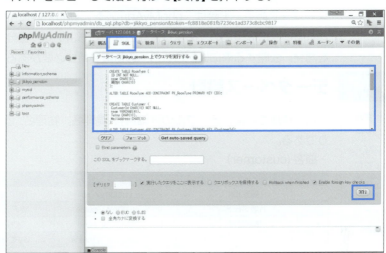

6 正しく実行されれば，ユーザーやテーブル構造などが「jikkyo_pension」データベース内に作成される。

> エラーが生じるなどして，同じSQLファイルを改めて実行なければならない場合は，以前に実行したデータが原因で上手くいかないことがあるので，
DROP DATABASE jikkyo_pension;
DROP USER 'jikkyo'@'localhost';
を実行し，データベースとユーザーを削除してからやり直すとよい。

7 「jikkyo_pension_Table.sql」と同様に，「jikkyo_pension_Data.sql」もドラッグ＆ドロップするか，中身のテキストをコピーして貼り付けて【実行】を押下することで，「jikkyo_pension」データベース内の各テーブル内にテストデータが作成される。データベース【jikkyo_pension】→【構造】タブと移動すると，次のように 4 つのテーブルとその行（レコード）を確認できる。

補足 **データベースのユーザー**

> グローバル特権：すべてのデータベースに適用される権限。グローバル以外だと，データベース単位やテーブル単位など，細かいレベルで権限を与えることができる。

ここで，ユーザーについて簡単に触れておこう。XAMPP を通じてインストールされた MySQL データベースには，デフォルトでグローバル特権を持つ次のユーザーが存在している。

　ユーザー名：root
　パスワード：（無し）

通常，データベースは重要なデータを取り扱うため，ユーザー名やパスワードは厳重に作成・管理をしなければならない。また，ユーザーごとのテーブル作成や更新，データの

30H Academic　77

削除などのアクセス制御についても，意識して設定しなければならない。

今回は学習用なので，「jikkyo_pension」データベース用に下記のユーザーを作成している。

　　ユーザー名：jikkyo

　　パスワード：pass

このユーザーは今回の PHP によるオンライン予約システムにおいてメインとなる
ユーザーである。実際は，phpMyAdmin を起動した際に「root」ユーザーでログイン
されることになるため，あまり意識しなくてもよいが，自分でオリジナルのシステム
を開発，公開する際には，これらへの意識を持つ必要がある。

3 データベース設計

> 論理名と物理
名：論理名とは，デー
タベース上ではなく，
利用者にとってわか
りやすい名前であり，
物理名とは，実際に
データベース上で利
用する名前である。

今回，作成された各テーブルの詳細情報（論理名，物理名，型，主キー）は，下記の通
りである。

・顧客 (customer)

論理名	物理名	型（長さ）	主キー
顧客 ID	customer_id	INT	○
代表者氏名	customer_name	VARCHAR(50)	
電話番号	customer_telno	CHAR(11)	
メールアドレス	customer_address	VARCHAR(255)	

・予約（reserve）

論理名	物理名	型（長さ）	主キー
予約 No	reserve_no	INT	○
予約日付	reserve_date	DATETIME	
部屋番号	room_no	INT	
顧客 ID	customer_id	INT	
利用人数	numbers	INT	
チェックイン予定時間	checkin_time	CHAR(5)	
メッセージ	message	VARCHAR(255)	

・客室（room）

論理名	物理名	型（長さ）	主キー
部屋番号	room_no	INT	○
部屋名称	room_name	VARCHAR(50)	
案内文	information	VARCHAR(255)	
メインイメージ画像	main_image	VARCHAR(50)	
イメージ画像 1	image1	VARCHAR(50)	
イメージ画像 2	image2	VARCHAR(50)	
イメージ画像 3	image3	VARCHAR(50)	
アメニティ	amenity	VARCHAR(255)	
1 泊料金	dayfee	INT	
部屋定員	capacity	INT	
タイプ ID	type_id	INT	

・部屋タイプ（room_type）

論理名	物理名	型（長さ）	主キー
タイプ ID	type_id	INT	○
タイプ名称	type_name	VARCHAR(30)	

表内の「主キー」とは，テーブル内のレコードを一意的に識別するためのフィールドの
ことである。つまり，このフィールドが同一の値を持つレコードは，このテーブル内
には存在できないということである。

> 概念データモデル：開発するシステムに求められるデータ項目を大まかにまとめたもの。

> LDM：
> Logical Data Model

> LDMの図において，各テーブル内の実線で区切られている上のフィールドが主キーを意味する。また，FKは外部キーを意味する。主キーと外部キーの関連については，p.85の補足を参照。

> PDM：
> Physical Data model

> ERD：
> Entity-Relationship Diagram。実体関連図ともいう。

本来，データベースを設計するうえでは，システム化の対象となる範囲で取り扱われるデータを「概念データモデル」の要求定義の段階で洗い出す。次いで，システムとして必要と思われる項目を追加して「論理データモデル（LDM）」を設計する。LDMとは，「どんなデータがどのように格納されるのか」をテーブルと関連図とで表現した次のような設計図である。

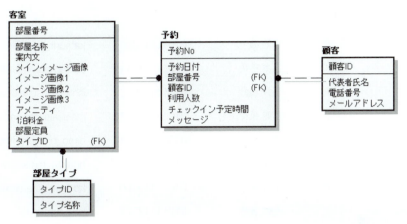

このLDMをもとに，今度は，これらのデータをシステム的な立場に近づけ，最終的にデータベースの構造として設計したものが次のような「物理データモデル（PDM）」である。

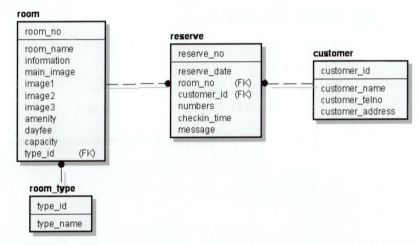

先述したフィールド名，つまり実際にデータベース内に作成されたテーブルは，このPDMと一致していることになる。

今回は，データベース設計という工程はなく，あらかじめ用意されたSQLを実行してテーブルを作成したが，本来であれば，このような設計を経たうえでできているということを意識しておいてほしい。

また，今回のLDMやPDMのような図を「E-R図（ERD）」という。概念，物理，論理の各々の段階で，こうした「E-R図」を用いて実体同士の関連をわかりやすく表現し，設計していくことが多い。

3　SQLでのレコード抽出

1　SELECT 文によるレコード抽出

例題 19　完成したデータベースを利用して，すべてのレコードを取り出す SELECT 文を入力してみよう。

【実行結果】

0	勝地 徹	01011110000	katsudi_tooru@example.com
1	山本 美佐	01011111111	yamamoto_misa@example.com
2	石井 良介	01011112222	ishii_ryousuke@example.com
3	宮崎 菜々美	01011113333	miyasaki_nanami@example.com
4	平尾 広之	01011114444	hirao_hiroyuki@example.com
5	堀北 大樹	01011115555	horikita_hiroki@example.com
6	小寺 未來	01011116666	kodera_mirai@example.com
7	石井 友也	01011117777	ishii_tomoya@example.com
8	福山 真一	01011118888	fukuyama_shinichi@example.com
9	石山 信吾	01011119999	ishiyama_shingo@example.com

❶　単純な SELECT 文

まずは，「customer」テーブルからレコードをすべて取り出して表示する SQL を入力してみよう。

> クエリ(query)：データベースへの処理命令のこと。問い合わせ。

1　phpMyAdmin を起動してデータベース【jikkyo_pension】→【SQL】タブと移動し，クエリ入力画面に「Sample4_01」の SQL を入力する。

> 本書では，「SELECT」などの SQL の命令を大文字で記述しているが，小文字で入力しても問題ない。

Sample4_01
```
01: SELECT *
02: FROM customer;
```

2　入力し終えたら，以前と同様に【実行】を押下することで結果を得られる。
今回は新規入力した文なので，名前を付けて保存をしておく。

> 通常，SQL の ファイルの拡張子は「.sql」である。

3 次のように，「ブックマーク」フォームに名前を入力後に【実行】を押下すると XAMPP 内に保存される。「ブックマークされている SQL」から選択すれば，いつでも呼び出すことができる。

ここで，今回の SQL の中身について，基本的な「SELECT」の構文のルールを踏まえて見ていこう。

● SELECT

SELECT 句には，取り出したいフィールド名を指定する。「,」で区切ることで，複数フィールドの指定もできる。例で用いている「＊（アスタリスク）」は，すべてのフィールドを指定したことになる。「customer」テーブルには「customer_id」「customer_name」「customer_telno」「customer_address」の 4 つのフィールドがあるため，これらのすべてが表示対象となる。

● FROM

FROM 句には，取り出す対象となるテーブル名を指定する。「,」で区切ることで，複数の表を指定することもできる。例では「customer」テーブルを 1 つだけ指定している。

例では，「行」に対する条件は何も入力していないので，「customer」テーブル内の全件である 10 件の行が表示される。

phpMyAdmin では，SQL 実行後，自動的にテーブル名が「`（バッククォート）」で囲まれる。これは MySQL の予約語をテーブル名に使用してしまっても，テーブル名と予約語を区別できるようにするためである。今回は予約語と同じテーブル名はないため入力時は気にする必要はなく，「`（バッククォート）」を付けなくてよい。

> 予約語：SQL で使われ方があらかじめ決まっており，識別子などとして使用できない単語のこと。予約語をそのまま識別子などに使用すると，意図したとおりの結果にならないことがある。

> 今回のように抽出条件（WHERE 句という）を何も付けない状態で SELECT 文を実行すると，「無条件で全データを抽出する」という意味の「WHERE 1」という記述が自動的に付加される。

2 SELECT文による条件付きレコード抽出

例題 20

すべてのレコードではなく，WHERE 句を用いて条件を付け，
必要なレコードだけを取り出す SELECT 文を入力してみよう。

【実行結果】

101	ゆとりの和室
102	ゆとりの和室
103	ゆとりの和室

① SELECT文に WHERE 条件を追加する

先ほどとは異なり，「room」テーブルからレコードを取り出す SQL を作成する。今
度は，WHERE 句を用いて，抽出条件を追加してみよう。

> ▶ phpMyAdmin
> で使用可能な算術演
> 算子は，「+(加算)」，
> 「-(減算)」「＊(乗
> 算)」「/(除算)」「%
> (剰余算)」がある。

1 phpMyAdmin を起動してデータベース【jikkyo_pension】→【SQL】とクエリ入力画
面に移動し，次の SQL を入力する。

```
Sample4_02

01 : SELECT room_no , room_name
02 : FROM   room
03 : WHERE dayfee >= 9000
04 : AND   dayfee <= 10000
05 : AND   room_no < 200
```

2 前回同様に「ブックマーク」保存し，【実行】する。

● SELECT

今回，SELECT 句では「,(カンマ)」で区切って「room_no」と「room_name」の
2 つのフィールドを指定している。

● FROM

FROM 句は，「room」テーブルだけ指定している。

● WHERE

WHERE 句には「抽出条件」を指定することができる。「WHERE」に続けて，「比較
演算子」や「算術演算子」での条件式を指定することができる。また，「AND」「OR」
「NOT」などの「論理演算子」も使用できる。

今回の例は，「dayfee >= 9000」で「dayfee」の値が 9000 以上の行，「AND
dayfee <= 10000」で，かつ「dayfee」の値が 10000 以下の行，「AND
room_no < 200」で，かつ「room_no」の値が 200 未満の行，という 3 つの
条件を重ねている。結果的に，3 件の行が表示されることになる。

また，「dayfee >= 9000 AND dayfee <= 10000」は，BETWEEN 演算
子を用いて「dayfee BETWEEN 9000 AND 10000」と短く書くこともでき
る。条件が「…から…まで」という範囲の場合には「BETWEEN」が使えることを
知っておくと便利である。

3 SELECT 文による部分一致検索

例題 21 　今度は，WHERE 句に LIKE 演算子による部分一致条件を付け，必要なレコードだけを取り出す SELECT 文を入力してみよう。

【実行結果】

1	山本 美佐	01011111111	yamamoto_misa@example.com
2	石井 良介	01011112222	ishii_ryousuke@example.com
7	石井 友也	01011117777	ishii_tomoya@example.com
8	福山 真一	01011118888	fukuyama_shinichi@example.com
9	石山 信吾	01011119999	ishiyama_shingo@example.com

1 WHERE 条件に LIKE を追加する

先ほどと同様に，「customer」テーブルからレコードを取り出す SQL を作成する。今度は，WHERE 句に部分一致条件を追加してみよう。

1 phpMyAdmin を起動してデータベース【jikkyo_pension】→【SQL】とクエリ入力画面に移動し，次の SQL を入力する。

```
Sample4_03
01 : SELECT *
02 : FROM   customer
03 : WHERE customer_name LIKE '石％'
04 :    OR customer_name LIKE '％山％';
```

> 文字や文字列を検索語に挿入したい場合には，「'（シングルクォーテーション）」で文字または文字列を囲む。

2 「ブックマーク」保存し，【実行】する。

● SELECT

今回，SELECT 句では「＊」で全フィールドを指定している。

● FROM

FROM 句は，p.80 と同様に「customer」テーブルだけ指定している。

● WHERE

WHERE 句には LIKE 演算子を用いた「部分一致」の条件を追加している。「customer_name LIKE '石％'」で，「customer_name」が「石」という文字列から始まるもの（前方一致）という指定になる。「OR」で「または」として，次の「customer_name LIKE '％山％'」という条件をつなげている。これは「customer_name」に「山」という文字列を含んでいるかどうか（部分一致）という条件になる。まとめると，「'石'から始まる，または，'山'という文字を含む」という部分一致条件になる。

ここで用いられている「％」は，「任意の 0 文字以上の文字列」というワイルドカードである。ほかにも，「_（アンダースコア）」が「任意の 1 文字」という意味で使用できる。例えば，「LIKE'A％B'」で，「A で始まり B で終わる任意の文字列」という意味になり，「LIKE 'A％_B'」で「A で始まり B で終わる 3 文字以上の文字列」というようになる。

30H Academic | **83**

4 複数テーブルを用いたSELECT文による抽出

例題 22　これまで学習したSELECT文は，すべて単一のテーブルからのレコード抽出である。ここでは，複数のテーブルを結合し，レコードを抽出するSQLを入力してみよう。

【実行結果】

堀北 大樹	落ち着きのある洋室
福山 真一	みんなで和洋室
石山 信吾	ゆとりの和室

① FROM句に複数のテーブルを指定する

今回は，今までとは異なり，FROM句に「customer」「room」「reserve」の3つのテーブルを指定するSQLを作成する。

1 phpMyAdminを起動してデータベース【jikkyo_pension】→【SQL】とクエリ入力画面に移動し，次のSQLを入力する。

```
Sample4_04

01 : SELECT customer_name , room_name
02 : FROM customer , room , reserve
03 : WHERE customer.customer_id = reserve.customer_id
04 :   AND reserve.room_no = room.room_no;
```

2 「ブックマーク」保存し，【実行】する。

● SELECT

今回，SELECT句では「customer_name」と「room_name」の2つのフィールドを指定している。複数のテーブルに同じフィールド名が存在している場合には，「customer.customer_id」のように「テーブル名.」で元となるテーブル名を指定することで区別をする。

● FROM

FROM句に，「customer」「room」「reserve」の3つのテーブルを「,」で区切り，指定している。

● WHERE

WHERE句では，今回，複数のテーブルを特定のフィールドで「結合」している。「customer.customer_id = reserve.customer_id」の部分で，「customer」テーブルの「customer_id」と，「reserve」テーブルの「customer_id」を「等価結合」している。これは，2つのテーブルの「customer_id」を「等しい」とみなし，同じレコードがある行だけが抽出される指定になる。同様に，「reserve.room_no = room.room_no」の部分で「reserve」テーブルの「room_no」と，「room」テーブルの「room_no」を「等しい」とし，同じレコードがある行だけが抽出される。まとめると，「customer」テーブルと「reserve」テーブルに共通で存在している「customer_id」を抽出し，「AND」で「かつ」とし，「reserve」テーブルと「room」テーブルに共通している「room_no」を抽出していることになる。

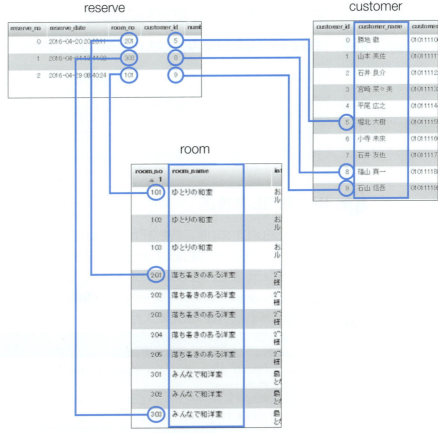

このように，3つのテーブルの共通部分を「結合」し，最終的に抽出されたレコードだけを表示することが可能である。□で囲まれたフィールドが「SELECT」により表示される対象であるが，結合により，3件に絞り込まれて表示されていることを理解してほしい。

補足 主キーと外部キーについて

「Sample4_04」のように複数のテーブルをSELECT文などで用いる場合，テーブル同士を関連付けるためのフィールドが必要となる。そのフィールドのことを「キー」という。「customer」と「reserve」の両テーブルは「customer_id」というフィールドを「キー」とし，「reserve」と「room」の両テーブルは「room_no」を「キー」として関連付けられている。

また，「キー」には「主キー」と「外部キー」がある。

▶ 主キー：
PRIMARY KEY
▶ 外部キー：
FOREIGN KEY

「主キー」は，テーブル内のレコードを一意的に識別するためのフィールドであり，ほかと重複しないユニークな値を格納し，値が空白（NULL）になることはない。「customer」テーブルにおける「customer_id」や「room」テーブルにおける「room_no」，「reserve」テーブルにおける「reserve_no」などが「主キー」に該当する。

「外部キー」は，単純に他のテーブルと関連付けるためのフィールドである。「reserve」テーブルにおける「customer_id」と「room_no」は「外部キー」に該当する。どちらのフィールドも，参照先では「主キー」扱いであり，参照元と先では扱いが異なる点も押さえておこう。

5 副問合せを用いた実践的な抽出

例題 23 SELECT文の結果を抽出条件に用いるような, より実践的な SQL を入力してみよう。

【実行結果】

303	みんなで和洋室	10000
101	ゆとりの和室	9000
201	落ち着きのある洋室	8000

① INを利用した抽出

今回は, SELECT 文の実行結果を「IN」を用いて WHERE 句の条件とする。いい換えると SELECT 文の中に SELECT 文が存在する形になる。このような抽出の仕方を「副問合せ」という。また, 今回は「ORDER BY」というソート(並び替え)の命令も使用する。

1 phpMyAdmin を起動してデータベース【jikkyo_pension】→【SQL】とクエリ入力画面に移動し, 次の SQL を入力する。

```
Sample4_05

01 : SELECT room_no, room_name, dayfee
02 : FROM room
03 : WHERE room_no IN (SELECT room_no FROM reserve)
04 : ORDER BY dayfee DESC;
```

2 「ブックマーク」保存し, 【実行】する。

● SELECT
　今回, SELECT 句では「room_no」と「room_name」と「dayfee」の3つのフィールドを指定している。

● FROM
　FROM 句には「room」を1つだけ指定している。

● WHERE
　WHERE 句には, 今までにない「IN」を使用している。「IN」の後ろに () 付でSELECT 文がある。これが副問合せの SELECT 文である。数学の( )と同様にこちらの SELECT 文から優先的に見ていく。

●副問合せ
　「reserve」テーブルから「room_no」を指定している。副問合せ内であってもWHERE 句を付けることは可能だが, 今回は利用していない。
　この SELECT 文によって, 「reserve」テーブルにあるレコード全件から, その部屋番号を抽出している。いい換えれば「reserve(予約)がある部屋の部屋番号をすべて抽出する」ということである。
　サンプルデータの「reserve」テーブルにはレコードが3件存在しているはずである。その部屋番号は「101」「201」「303」であり, この部屋番号1つひとつが, 主問合せ(外側の SELECT 文)の WHERE 句の条件に対し,

　room_no = 101 OR room_no = 201 OR room_no = 303

と検索条件を「OR」で複数指定したことになる。このように，副問合せの結果を検索条件に利用するためにIN句を用いるのである。

実は，今回の利用方法だと副問合せを用いずに，FROM句に「reserve」テーブルを指定して「room.room_no = reserve.room_no」のように結合しても同じ結果を得られる。「IN」は，否定系の「NOT IN」を用いて「存在しないレコード」を検索条件に含めるときに用いると，大きな効果を発揮する。結合では，存在しないレコードは結合されないからである。

今回の例を用いて「NOT IN」に変更した場合の実行結果を見てみよう。

```
SELECT room_no, room_name, dayfee
FROM room
WHERE room_no NOT IN (SELECT room_no FROM reserve)
ORDER BY dayfee DESC;
```

【実行結果】

301	みんなで和洋室	10000
302	みんなで和洋室	10000
102	ゆとりの和室	9000
103	ゆとりの和室	9000
202	落ち着きのある洋室	8000
203	落ち着きのある洋室	8000
204	落ち着きのある洋室	8000
205	落ち着きのある洋室	8000

この結果は，「reserve」テーブルに存在しない部屋番号のレコードを抽出していることになる。それを副問合せで検索条件として用いているので，「まだ，予約がされていない部屋」に関する情報を抽出したことになる。

● ORDER BY

ORDER BY句は，その後にフィールド名を指定し，指定したフィールドの値によってソートする命令である。WHERE句の後に記述する。ソート順序を何も指定しなければ，昇順（小さいものから）で並び替える「ASC」を指定したことになる。逆に，降順（大きいものから）で並び替えたければ「DESC」を指定する。

4 SQLでのレコード挿入

1 INSERT文によるレコード挿入

例題 24 テーブルに新たなレコードを作成する INSERT 文を用いて，
「customer」テーブルに対してレコードを追加してみよう。

【実行結果】

> ▶ このレコードが
> 挿入される。

10	水谷 基祐	0118721200	mizutani_kisuke@example.com
11	出口 恵望子	0118721222	deguchi_emiko@example.com

① INSERT文の利用

1 phpMyAdmin を起動してデータベース【jikkyo_pension】→【SQL】とクエリ入力
画面に移動し，次の SQL を入力する。「INSERT」の後にテーブルのフィールド名，
「VALUES」の後にフィールドに対応した値を「, 」で区切って指定する。

> ▶ 本書では，見や
> すさとわかりやすさ
> の観点から INSERT
> 文を改行しているが，
> 入力の際は改行せず
> に連続して入力して
> も構わない。

```
Sample4_06

01 : INSERT INTO customer
02 : ( customer_id
03 :  ,customer_name
04 :  ,customer_telno
05 :  ,customer_address)
06 : VALUES
07 : ( 10
08 :  ,'水谷 基祐'
09 :  ,'0118721200'
10 :  ,'mizutani_kisuke@example.com');
```

2 「ブックマーク」保存し，【実行】する。
正しく入力して実行すると，次のメッセージとともに新たなレコードが 1 行追
加される。

```
✓ 1行挿入しました。(Query took 0.0065 seconds)

INSERT INTO customer ( customer_id ,customer_name ,customer_telno ,customer_address) VALUES ( 10 ,"水谷 基祐" ,"0118721200" ,"mizutani_kisuke@example.com")
                                                                              【Edit inline】【 編集 】【 Create PHP code 】
```

3 データベース【jikkyo_pension】→【customer】→【表示】と移動し，レコードを確
認する。また，この画面でレコードごとの【削除】を押下することで，そのレコー
ドだけを削除することができる。

☐ 🖉編集 👫コピー ⊜削除	6	小寺 未来	01011116666	kodera_mirai@example.com
☐ 🖉編集 👫コピー ⊜削除	7	石井 友也	01011117777	ishii_tomoya@example.com
☐ 🖉編集 👫コピー ⊜削除	8	福山 真一	01011118888	fukuyama_shinichi@example.com
☐ 🖉編集 👫コピー ⊜削除	9	石山 信吾	01011119999	ishiyama_shingo@example.com
☐ 🖉編集 👫コピー ⊜削除	10	水谷 基祐	0118721200	mizutani_kisuke@example.com

88 PHP入門

INSERT 文は，「Sample4_06」の書き方のほかに，次のような書き方もできる。

```
INSERT INTO customer
VALUES
  ( 10
,'水谷 基祐 '
,'0118721200'
,'mizutani_kisuke@example.com');
```

「Sample4_06」との違いは「フィールド名を指定しない」ことである。このように，すべてのフィールドに対して値を追加するのであれば，フィールド名を省略して記述することができる。

また，「Sample4_06」によりレコードが１件追加された状態で，再度，同じINSERT 文を実行すると，次のようなエラーが発生する。

```
【実行結果】
エラー
SQL query:
＜省略＞
MySQL のメッセージ :
#1062 - Duplicate entry '10' for key 'PRIMARY'
```

これは「プライマリーキー」のエラー，つまり「主キーが重複したレコードを追加しようとしている」というエラーである。すでに学習したように，「主キー」は重複した値を許さない扱いになるため，「customer_id」が「10」であるレコードがすでに存在している所に，再度「customer_id」が「10」であるレコードを追加することはできない，というエラーとなる。これを解決するためには，「customer_id」としてまだ存在していない「id」の値，例えば「11」などに変更してやればよい。

レコードの挿入の際には，こうした「主キー」のレコード重複を意識する必要があることをしっかり押さえたうえで，もう１件レコードを追加してみよう。入力や実行については，「Sample4_06」と同様であるため割愛する。

```
Sample4_07

01 : INSERT INTO customer
02 : VALUES
03 : ( 11
04 :  ,'出口 恵望子 '
05 :  ,'0118721222'
06 :  ,'deguchi_emiko@example.com');
```

5 SQLでのレコード更新

1 UPDATE 文によるレコード更新

例題25

テーブルにすでに存在するレコードの値を更新する UPDATE 文を用いて，
「room」テーブルに対してレコードを更新してみよう。

【実行結果】

> これらのレコードが更新される。

101	広々した和室	お風呂・トイレも部屋内にある…	room_01_01.jpg…
102	広々した和室	お風呂・トイレも部屋内にある…	room_01_01.jpg…
103	広々した和室	お風呂・トイレも部屋内にある…	room_01_01.jpg…

1 UPDATE 文の利用

1 phpMyAdmin を起動してデータベース【jikkyo_pension】→【SQL】とクエリ入力
画面に移動し，次の SQL 文を入力する。「UPDATE」の後にテーブル名，「SET」
の後に「フィールド名 = 値」を指定する。

```
Sample4_08

01 : UPDATE room
02 :    SET room_name = ' 広々した和室 '
03 :  WHERE room_name LIKE '% 和室 %';
```

2 「ブックマーク」保存し，【実行】する。
「room_name」に「和室」を含んでいるレコードの「room_name」を更新すること
になるため，正しく入力して実行すると，次のメッセージとともにレコードが 3
行更新される。

> ✔ 3行変更しました。(Query took 0.0070 seconds.)
>
> UPDATE room SET room_name = ' 広々した和室 ' WHERE room_name LIKE '% 和室 %'
>
> 【Edit inline】【編集】【Create PHP code】

今回は，WHERE 句による条件で更新したいレコードを抽出している。WHERE
句は必ずしも必須ではないが，WHERE 句による抽出をしないと「room」テーブ
ル内にあるすべてのレコードが同様に更新されてしまうので注意が必要である。

> UPDATE 文 の
> 動きを確認できたな
> らば，下記の SQL
> 文を実行して値を元
> に戻しておく。
> UPDATE room
>   SET room_name
> = ' ゆとりの和室 '
>   WHERE room_name
> LIKE '% 和室 %';
> もちろん，【編集】を
> 用いて 1 レコード
> ずつ「ゆとりの和室」
> に変更してもよい。

3 データベース【jikkyo_pension】→【room】→【表示】と移動し，レコードを確認す
る。また，この画面でレコードごとの【編集】を押下することで，そのレコードだ
けを編集することができる。

90 PHP入門

2 UPDATE 文による複雑なレコード更新

例題 26 テーブルにすでに存在するレコードの値を更新する UPDATE 文を用いて，
「room」テーブルに対してレコードを更新してみよう。

> これらの
レコードが更
新される。

【実行結果】

103	ゆとりの和室	お風呂…	room_01_01.jpg	room_01_02.jpg	room_01_03.jpg	room_01_04.jpg	テレビ，エアコン…	8500	3	1
203	落ち着きのある洋室	2~3 名…	room_02_01.jpg	room_02_02.jpg	room_02_03.jpg	room_02_04.jpg	テレビ，エアコン…	7500	2	2

① UPDATE 文の複雑な利用

> WHERE 句 は
SELECT で学習し
たものと同様の記
述となる。つまり，
「SELECT * FROM
room」の後に今回
の WHERE 句を記
述し，実行すること
で，更新前にどのレ
コードが更新される
ことになるのかを知
ることができる。

1 phpMyAdmin を起動してデータベース【jikkyo_pension】→【SQL】とクエリ入力
画面に移動し，次の SQL 文を入力する。前回と同様に「UPDATE」の後にテーブ
ル名，「SET」の後に「フィールド名 ＝ 値」を指定する。今回は更新したいフィー
ルドを 2 つ指定するので，「SET」を「,」で区切り，「dayfee」と「capacity」に
それぞれ次の式により値を指定する。

- dayfee = dayfee - 500

  今現在の「dayfee」の値から 500 減算した値で更新する
- capacity = capacity - 1

  今現在の「capacity」の値から 1 減算した値で更新する

> UPDATE 文 の
動きを確認できたな
らば，下記の SQL
文を実行して値を元
に戻しておく。
UPDATE room
  SET dayfee =
dayfee + 500
    ,capacity =
capacity + 1
WHERE dayfee <=
9000
  AND room_no LIKE
'%3'
もちろん，【編集】を
用いて 1 レコードず
つ「1 泊料金」と「部
屋定員」を変更して
もよい。

```
Sample4_09

01 : UPDATE room
02 :    SET dayfee   = dayfee - 500
03 :       ,capacity = capacity - 1
04 :    WHERE dayfee <= 9000
05 :      AND room_no LIKE '%3';
```

2 「ブックマーク」保存し，【実行】する。正しく入力して実行すると，次のメッセー
ジとともにレコードが 2 行更新される。

> ✔ 2行変更しました。(Query took 0.0100 seconds.)
>
> UPDATE room SET dayfee = dayfee - 500 ,capacity = capacity - 1 WHERE dayfee <= 9000 AND room_no LIKE '%3'
>
> 【Edit inline】【編集】【Create PHP code】

このように，「SET」で更新する値については，式の演算結果を用いることもでき
る。また，今回も WHERE 句による条件で更新したいレコードを抽出する。

- dayfee <= 9000 AND room_no LIKE '%3'

  料金が 9000 円以下で，かつ，部屋番号の最終桁が 3 のレコード

3 データベース【jikkyo_pension】→【room】→【表示】と移動し，レコードを確認す
る。「実行結果」で例を示しているように，「room_no」が「103」と「203」のレコー
ドが今回の更新条件に合致しているレコードである。

30H Academic **91**

6 SQLでのレコード削除

1 レコード削除

例題 27　テーブルにすでに存在するレコードを削除するDELETE文を用いて，「customer」テーブルのレコードを削除してみよう。

【実行結果】

▶ このレコードを削除する。

| 1 | 山本 美佐 | 01011111111 | yamamoto_misa@example.com |

1 DELETE文の利用

1. phpMyAdminを起動してデータベース【jikkyo_pension】→【SQL】とクエリ入力画面に移動し，次のSQL文を入力する。「DELETE FROM」の後にテーブル名を指定する。

```
Sample4_10
1 : DELETE FROM customer
2 :   WHERE customer_id = 1;
```

2. 「ブックマーク」保存し，【実行】する。「Sample4_10」では，「customer_id」が「1」であるレコードを削除することになるため，正しく入力し，実行すると次のメッセージと共にレコード1行が削除される。

今回は，WHERE句による条件で更新したいレコードを抽出している。WHERE句は必ずしも必須ではないが，WHERE句による抽出をしないと「customer」テーブル内にあるすべてのレコードが同様に削除されてしまうので注意が必要である。

3. データベース【jikkyo_pension】→【customer】→【表示】と移動し，レコードが削除されていることを確認する。
4. データベース【jikkyo_pension】→【customer】→【挿入】に移動する。
5. phpMyAdmin上で直接レコードを挿入できるので，DELETE文によって削除してしまった次のレコードを入力しておく。

▶ このレコードを追加する。

customer_id	customer_name	customer_telno	customer_address
1	山本 美佐	01011111111	yamamoto_misa@example.com

> 1件しかレコードを追加しないので、「行ずつ挿入を行う」を「1」に変更しておくと見やすい。

6 フォームに値を入力して【実行】する。

補足 データ定義言語による削除

レコードを削除する SQL として，「DELETE」のほかに「TRUNCATE」がある。これは，データ操作言語(DML)ではなく，データ定義言語(DDL)に属しており，テーブル構造の定義，すなわちデータベースの構築レベルで用いられる。

```
例）TRUNCATE TABLE customer;
```

上記の例は，「customer」テーブルからすべてのレコードを削除する。WHERE 句を用いない DELETE 文，すなわち，「DELETE FROM customer;」と同様の結果であるが，内部処理的に「DELETE」はレコードを 1 行 1 行削除するのに対して，「TRUNCATE」はレコードを一括で全件削除するので高速である。
また，レコードではなく，テーブルそのものを中身のレコードごと削除する SQL として「DROP」がある。こちらもデータ定義言語に属している。

```
例）DROP TABLE customer;
```

上記の例では，レコードの有無にかかわらず，「customer」テーブルそのものがデータベースから削除されることになる。
どちらの SQL も複数のテーブルをまとめて再構築する場合や，既存のレコードをすべて作り直したいときなどに用いられるが，影響力が大きいので，誤って実行してしまわないように注意が必要である。

5章 オンlabel予約システムの実装
～トップページから部屋詳細表示～

30H Academic ▷ PHP入門

ここまで，オンライン予約システムを構築するために必要な，HTML5やCSS3，SQLといった技術と，PHPというプログラミング言語について学習してきた。本章では，これらを活用してオンライン予約システムを構築していきたい。

1 トップページの実装

例題 28 「お部屋紹介」のサイドメニューに表示する部屋の種類について，データベースからデータを取得して表示しよう。

※上記画面遷移で色が付いている部分が，この例題で構築する箇所である。以後，随時この表記を行う。

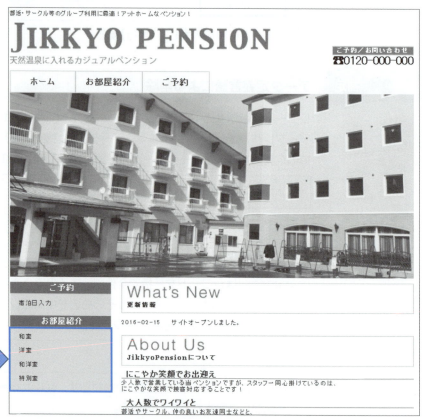

1 データベースからデータを取得するために

PHPを使ってデータベースの情報を取得するための手順は次の流れである。

```
データベースへ接続する
```

```
テーブルからデータを取得する／テーブルのデータを操作する
```

```
データベースへの接続を切断する
```

プログラムを構築していくうえで，この手順をしっかりと守ることが重要である。この中からまずはデータベースに接続する方法と，データベースを切断する方法について学ぶ。

2 データベースへの接続・切断

1 新規 PHP ファイル「Sample5_01.php」を作成し，次のドキュメントを記述しよう。

```
Sample5_01.php

01: <?php
02:   $link = mysqli_connect("localhost", "jikkyo", "pass",
    "jikkyo_pension");
03:   if ($link == null) {
04:     echo " 接続に失敗しました ";
05:   } else {
06:     echo " 接続に成功しました ";
07:   }
08:   mysqli_close($link);
09: ?>
```

【実行結果】
接続に成功しました

上の例の 2 行目でデータベースに接続をしている。この際，4 つの情報を指定して接続を行う。

```
mysqli_connect ("サーバー名","接続ユーザー名","接続パスワード","接続データベース名")
```

> ▶ この章で利用する関数の説明は，以後，右の形式で示す。まず，関数の書式を示し，その下の表にて，1 列目は引数の意味合いを，2 列目はその詳細説明をしている。

サーバー名	接続するデータベースサーバー名をホスト名，もしくは IP アドレスで指定する。ここでは自分自身の PC を指すため「localhost」と指定する。
接続ユーザー名	接続する際に利用する MySQL ユーザー名を指定する。今回は 4 章で作成したユーザー名である「jikkyo」と指定する。
接続パスワード	接続する際に利用するユーザー情報と一緒に設定したパスワードを指定する。今回は 4 章で作成したユーザーパスワードである「pass」と指定する。
接続 データベース名	接続するデータベース名を指定する。指定したデータベースに対して処理を行うことができる。ここでは 4 章で作成したデータベース名「jikkyo_pension」と指定する。

2 上記命令を実行し，接続に成功すると MySQL サーバーへの接続をオブジェクトとして取得することができる。ここではその値を変数「$link」に格納している（2 行目）。

30H Academic

3 切断するためには接続時に取得した変数を使って切断する命令を実行する（8行目）。

```
mysqli_close(接続変数)
```

接続変数	ここでは，接続時に取得した「$link」を指定している。

---

3 SELECT文を実行する

1 先ほどの PHP ファイルを次のドキュメントのように修正しよう。

```
Sample5_01.php

01: <?php
02:   $link = mysqli_connect("localhost", "jikkyo", "pass",
      "jikkyo_pension");
03:   if ($link == null) {
04:     die(" 接続に失敗しました ");
05:   }
06:   $result = mysqli_query($link, "SELECT * FROM room_type");
07:   echo "データ件数は " . mysqli_num_rows($result) . " 件 <br>";
08:   mysqli_free_result($result);
09:   mysqli_close($link);
10: ?>
```

```
【実行結果】
データ件数は 3 件
```

> **die()**：
> PHP スクリプトを即座に終了する命令である。接続に失敗した場合は，ここでスクリプトを終了する。終了時のメッセージを引数に指定する。そもそも接続に失敗した場合，その後の処理はできないため。

2 実行結果として，４章で登録したペンションの部屋タイプの数である「3」が表示される。

上の例の６行目でテーブルに対する SQL を実行している。

```
mysqli_query(接続変数 , " 実行する SQL")
```

接続変数	接続時に取得した変数を指定する。ここでは「$link」と指定する。
実行するSQL	実行したい SQL を文字列で指定する。ここではペンションの部屋カテゴリ情報を取得するため，「SELECT * FROM room_type」と指定する。

上記命令で SQL の実行結果を取得することができる。今回は取得結果を変数「$result」に格納している。

変数に格納された取得結果(ここでは「`$result`」)には何行分のデータがあるのかを調べる命令が7行目である。

```
mysqli_num_rows(結果変数)
```

結果変数	SQLの実行結果として取得した変数を指定する。ここでは「`$result`」と指定する。

また，SELECT文を実行した場合は，結果を解放する処理をしなければならない。なぜなら，SELECT文で取得するデータはメモリ上に用意されるため，そのデータが不要になったときには必ずその領域を解放してやらなければならないからである。そうしないとメモリ上に大量のごみが残ってしまう可能性がある(逆にいえば，INSERT文やUPDATE文，DELETE文などの実行時は不要である)。その命令が8行目の命令である。

```
mysqli_free_result(結果変数)
```

結果変数	SQLの実行結果として取得した変数を指定する。ここでは「`$result`」と指定する。

4 結果を表示する

1 先ほどのPHPファイルを次のドキュメントのように修正しよう。

Sample5_01.php

```php
01: <?php
02:   $link = mysqli_connect("localhost" ,"jikkyo" ,"pass",
      "jikkyo_pension");
03:   if ($link == null) {
04:     die(" 接続に失敗しました ");
05:   }
06:   mysqli_set_charset($link, "utf8");
07:   $result = mysqli_query($link, "SELECT * FROM room_type");
08:   echo " データ件数は " . mysqli_num_rows($result) . " 件 <br>";
09:   while ($row = mysqli_fetch_array($result, MYSQLI_ASSOC)) {
10:     echo $row['type_name'] . "<br>";
11:   }
12:   mysqli_free_result($result);
13:   mysqli_close($link);
14: ?>
```

> フェッチ
> fetch：取ってくる。この英単語は覚えておくこと。

【実行結果】
データ件数は3件
和室
洋室
和洋室

30H Academic **97**

2 実行結果として，ペンションの部屋タイプの数である「3件」と，登録内容である「和室，洋室，和洋室」が表示される。

この例の6行目では，日本語を取り扱うときに文字化けしないように「『utf8』という文字コードを使ってデータを取得する」という宣言をしている。

```
mysqli_set_charset ( 接続変数 , " 文字セット " )
```

接続変数	接続時に取得した変数を指定する。ここでは「$link」と指定する。
文字セット	データベースとのデータの送受信に使用する，デフォルトの文字セットを設定する。ここでは4章でデータベースを作成するときに指定した「utf8」とする。

余裕がある人は試しにこの行を削除して再表示してほしい。部屋タイプの文字列が読めなくなってしまったのではないだろうか。このように日本語を取り扱うときには文字コードを気にしなければならない。今回はデータベース，PHP ファイルなどすべて UTF-8 で指定している。

実際にデータを取得し表示しているところは9〜11行目である。

変数「$result」の中には SELECT 文の結果が表形式に格納されていると思ってほしい。

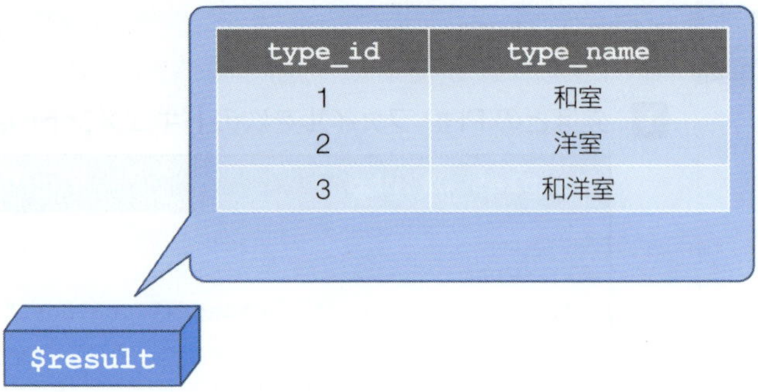

type_id	type_name
1	和室
2	洋室
3	和洋室

$result

この中から1行分のデータを取り出すのがフェッチ命令である。

```
$row = mysqli_fetch_array( 結果変数 , 結果タイプ )
```

結果変数	SQL の実行結果として取得した変数を指定する。ここでは「$result」と指定する。
結果タイプ	データの取り出し方を指定できる。指定できるキーワードは以下のとおり。 MYSQLI_ASSOC：結果行を連想配列で取得する MYSQLI_NUM：結果行を数値添え字配列で取得する MYSQLI_BOTH：上記両方の属性で取得する

9行目の命令で次の図のような動きをしている。

> フェッチすべき行を記憶しているものを「カーソル」という。図の右矢印がカーソルのイメージである。

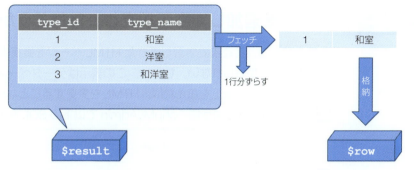

ここで $row に格納された中身の type_name を表示しているのが，10行目である。ここで「和室」と画面に表示されているのである。
この処理を while 文のループで繰り返して実行する。2度目のフェッチ時には次の行が取り出される。同様に画面には「洋室」と表示される。

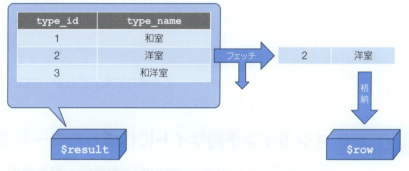

3度目のフェッチ時も同様である。「和洋室」と表示される。

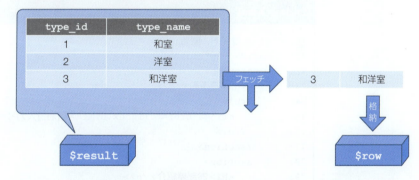

4度目のフェッチでは，データがないため null になる。ここでループ終了である。

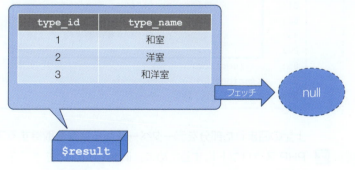

このデータ取得のためのフェッチの流れはとても重要である。動きをイメージでとらえておくこと。

5 データを追加して表示が変わったかどうか確認する

この内容だと，ここまで学習してきた HTML ページを直接修正したほうが早いと感じる人もいるかもしれない。しかし，この表示はデータベースの内容を表示しているため，テーブルに修正を加えれば，HTML を変更することなく表示も修正される。

1 4章で行なったように，phpMyAdmin で以下の SQL を実行する。

```
INSERT INTO room_type(type_id, type_name) VALUES(4, '特別室')
```

2 先ほど作成した「Sample5_01.php」の表示を更新する。次の表示結果のように部屋の種類表示に特別室が追加される。

```
【実行結果】
データ件数は 4 件
和室
洋室
和洋室
特別室
```

このようにデータベースに変更を加えることで，プログラムを修正することなく動的に表示を変えることができる。

6 オンライン予約サイトに作成したコードを埋め込む

1 2章で作成した「index.html」の「お部屋紹介」欄を PHP スクリプトに変更する。

```
index.html

70:   <!-- サイド：開始 -->
71:   <aside id="side">
72:     <section>
73:       <h2> ご予約 </h2>
74:       <ul>
75:         <li><a href="./index.html"> 宿泊日入力 </a></li>
76:       </ul>
77:     </section>
78:     <section>
79:       <h2> お部屋紹介 </h2>
80:       <ul>
81:         <li><a href="#"> 和室 </a></li>
82:         <li><a href="#"> 洋室 </a></li>
83:         <li><a href="#"> 和洋室 </a></li>
84:       </ul>
85:     </section>
86:   </aside>
87:   <!-- サイド：終了 -->
```

上記の囲まれた部分をデータベースから情報を取得するスクリプトに変更する。

2 PHP スクリプトにするために，index.html の拡張子を「.php」に変更する。

▶ 拡張子の表示の仕方は p.14 を参照。

3 前記コード中の枠で囲まれた部分に，先ほど作成した php スクリプトを，表示すべき HTML コードに合わせて入力する。入力後は次のようになる。

index.php（拡張子変更後）

```
78:       <section>
79:           <h2> お部屋紹介 </h2>
80: <?php
81:   $link = mysqli_connect("localhost", "jikkyo", "pass", "jikkyo_pension");
82:   if ($link == null) {
83:     die(" 接続に失敗しました ");
84:   }
85:   mysqli_set_charset($link, "utf8");
86:   $result = mysqli_query($link, "SELECT * FROM room_type");
87:   echo "<ul>";
88:   while ($row = mysqli_fetch_array($result, MYSQLI_ASSOC)) {
89:     echo "<li><a href='#'>" . $row['type_name'] . "</a></li>";
90:   }
91:   echo "</ul>";
92:   mysqli_free_result($result);
93:   mysqli_close($link);
94: ?>
95:       </section>
```

4 ブラウザーから「index.php」にアクセスし，表示を確認する。

先ほど SQL で追加した「特別室」がリストに追加表示されていれば OK！

また，89 行目の記述は文字列結合演算子を使って記述しているが，半角中括弧（ブレース，{}）を使いダブルクォーテーション内に記載する方法でも記述できる。

```
89:     echo "<li><a href='#'>{$row['type_name']} </a></li>";
```

範囲指定開始　　　　　　　　　　　　　　　　　範囲指定終了

どちらの形式を使ってもよいが，重要なのは範囲指定開始のダブルクォーテーションと，終了のダブルクォーテーションをペアで意識することである。

データベース接続時のエラーについて

データベース接続に失敗した場合，単純に画面上に「接続に失敗しました」と表示される。これでは何が原因で接続に失敗しているのかがわからない。その理由を把握するために，エラーの原因を表示するようにすべきである。エラー表示の箇所を以下のコードに書き換えてみよう。

Sample5_01.php

```
01: <?php
02:    $link = mysqli_connect("localhost", "jikkyo", "pass",
   "jikkyo_pension");
03:    if ($link == null) {
04:       die(" 接続に失敗しました:" . mysqli_connect_error());
05:    }
```

4行目の`mysqli_connect_error()`は接続できなかったエラーの原因をメッセージ化してくれる命令である。これによって表示されるいくつかのパターンについて，以下にその原因を示す。

【実行結果】
接続に失敗しました:php_network_getaddresses: getaddrinfo failed: nodename nor servname provided, or not known

`mysqli_connect()`の際のサーバー名(第1引数)に誤りがあり，そのサーバーが存在しない際に表示される。この場合は第1引数を確認する。

【実行結果】
接続に失敗しました:Access denied for user 'jikkyo'@'localhost' (using password: YES)

`mysqli_connect()`の際のユーザー名(第2引数)，パスワード(第3引数)の組み合わせに誤りがある場合に表示される。この場合は，まず第2引数と第3引数の内容を確認するとともに，データベースにそのユーザーがいることを確認する。

【実行結果】
接続に失敗しました:Unknown database 'jikkyo'

`mysqli_connect()`の際のデータベース名(第4引数)に誤りがある，そのデータベースが存在しない際に表示される。この場合は第4引数を確認する。

2 部屋一覧ページの実装～すべての部屋表示

例題 29 次の画像のように部屋の名称，部屋タイプ，料金や画像まで含めて，データベースからデータを取得して表示しよう。

すべての部屋情報について，今は静的ページとして作成されており，部屋の追加，削除に対応できない。そのため，拡張性をもたせるために，データベースに用意したテーブルからデータを取得し，一覧表示する。

1 データベースからデータを取得するために(1)

PHPを使ってデータベースの情報を取得するためには，いくつかの手順を守ることが必要だった。

[データベースアクセス処理の手順]

> データベースへ接続する
> ↓
> テーブルからデータを取得する／テーブルのデータを操作する
> ↓
> データベースへの接続を切断する

1 先ほどのコード(index.php)をこれらに照らし合わせて分割する。

```php
<?php
  $link = mysqli_connect("localhost", "jikkyo", "pass", "jikkyo_pension");
  if ($link == null) {
    die("接続に失敗しました：" . mysqli_connect_error());
  }
  mysqli_set_charset($link, "utf8");
?>
```
データベースへ接続する
（前処理）

```php
<?php
  $result = mysqli_query($link, "SELECT * FROM room_type");
  echo "<ul>";
  while ($row = mysqli_fetch_array($result, MYSQLI_ASSOC)) {
    echo "<li><a href = '#'>" . $row['type_name'] . "</a></li>";
  }
  echo "</ul>";
?>
```
テーブルからデータを取得する
（実処理）

```php
<?php
  mysqli_free_result($result);
  mysqli_close($link);
?>
```
データベースを切断する
（後処理）

システムを PHP で構築していくと，HTML 文書中に PHP スクリプトが散見する状態になるため，分割しても処理を見通せるようにならなければならない。部屋一覧ページ実装については，分割して PHP スクリプトを埋め込んでいく。

2 データベースからデータを取得するために(2)

1 2 章で作成した「roomList.html」の拡張子を変更し，「roomList.php」とする。

2 次のようにデータベース接続の前処理と後処理を「roomList.php」に記述する

roomList.php（先頭部分：データベース接続の前処理）

```php
01: <?php
02:   $link = mysqli_connect("localhost", "jikkyo", "pass",
      "jikkyo_pension");
03:   if ($link == null) {
04:     die("接続に失敗しました：" . mysqli_connect_error());
05:   }
06:   mysqli_set_charset($link, "utf8");
07: ?>
08: <!DOCTYPE html>
09: <html lang="ja">
10: <head>
11:   <meta charset="UTF-8">
```

roomList.php（末尾部分：データベース接続の後処理）

```
104:   <!-- フッター：開始 -->
105:   <footer id="footer">
106:     Copyright c 2016 Jikkyo Pension All Rights Reserved.
107:   </footer>
108:   <!-- フッター：終了 -->
109: <?php
110:   mysqli_free_result($result);
111:   mysqli_close($link);
112: ?>
113: </body>
114: </html>
```

上記2か所はほぼ定型文と覚えてほしい。前処理と後処理に挟まれた部分にデータベースアクセスをするPHPスクリプトを記述する。

このページで、動的にデータベースからデータを取得して表示したい部分は以下の囲みの部分である。

roomList.php（部屋一覧を表示する部分）

```
39:   <!-- メイン：開始 -->
40:   <main id="main">
41:     <article>
42:       <section>
43:         <h2> お部屋のご紹介 </h2>
44:         <h3> 自慢のお部屋をご紹介 </h3>
45:         <p>
46:           和室・洋室・和洋室と、ご希望に沿った形でお部屋をお選び頂けます。
47:         </p>
48:         <table>
49:           <th> お部屋名称 </th>
50:           <th> お部屋タイプ </th>
51:           <th> 一泊料金 <br> （部屋単位） </th>
52:           <th colspan="2"> お部屋イメージ </th>
53:           <tr>                                                    1件目
54:             <td> ゆとりの和室 </td>
55:             <td> 和室 </td>
56:             <td class="number">&yen;8,000</td>
57:             <td><img class="small" src="./images/room_01_01.jpg"></td>
58:             <td><a href="./roomDetail.html"> 詳細 </a></td>
59:           </tr>
60:           <tr>                                                    2件目
61:             <td> 落ち着きのある洋室 </td>
62:             <td> 洋室 </td>
63:             <td class="number">&yen;8,000</td>
64:             <td><img class="small" src="./images/room_02_01.jpg"></td>
65:             <td><a href="./roomDetail.html"> 詳細 </a></td>
66:           </tr>
67:           <tr>                                                    3件目
68:             <td> みんなで和洋室 </td>
69:             <td> 和洋室 </td>
70:             <td class="number">&yen;8,000</td>
71:             <td><img class="small" src="./images/room_03_01.jpg"></td>
72:             <td><a href="./roomDetail.html"> 詳細 </a></td>
73:           </tr>
74:         </table>
```

30H Academic　**105**

この各部屋の情報の繰り返し部分を PHP スクリプトとし，データベースにある情報を表示するように修正する。

3 `<tr>`～`</tr>` の繰り返しを削除し，PHP スクリプトを入れる場所であるとコメントを入れておく。

roomList.php（中間部分：データベースを使った実処理）

```
39:    <!-- メイン：開始 -->
40:    <main id="main">
41:      <article>
42:        <section>
43:          <h2>お部屋のご紹介</h2>
44:          <h3>自慢のお部屋をご紹介</h3>
45:          <p>
46:            和室・洋室・和洋室と、ご希望に沿った形でお部屋をお選び頂けます。
47:          </p>
48:          <table>
49:            <th>お部屋名称</th>
50:            <th>お部屋タイプ</th>
51:            <th>一泊料金<br>（部屋単位）</th>
52:            <th colspan="2">お部屋イメージ</th>
53:
54:    <!--　ここに PHP スクリプトを埋め込む　-->
55:
56:          </table>
57:        </section>
58:      </article>
59:    </main>
60:    <!-- メイン：終了 -->
```

3 データを取得するスクリプトを作成する

1 部屋一覧ページを表示するために，データベースの「room」テーブルから「部屋名称（room_name）」と「タイプID（type_id）」「1 泊料金（dayfee）」「メインイメージ画像（main_image）」を取得する。このときに利用する SQL は以下のとおりである。

```
SELECT room_name, type_id, dayfee, main_image FROM room
```

2 これを実行し，表示する PHP スクリプトは次のとおりである（前処理・後処理は省略している）。

```php
$result = mysqli_query($link, "SELECT room_name, type_id, dayfee, main_image FROM room");
while ($row = mysqli_fetch_array($result, MYSQLI_ASSOC)) {
  echo "部屋名称：{$row['room_name']}";
  echo "タイプID：{$row['type_id']}";
  echo "料金：{$row['dayfee']}";
  echo "画像ファイル名：{$row['main_image']}";
}
```

単純に考えれば，このコードを先ほど削除した部分に入れればよいことになる。ただし，`mysqli_query()`の引数に長いSQLを入れるとコードの1文が長くなり，見通しが悪い。そのため，変数にいったん格納すると可読性が上がる。

【書き換え後】

```php
$sql = "SELECT room_name, type_id, dayfee, main_image FROM room";
$result = mysqli_query($link, $sql);
while ($row = mysqli_fetch_array($result, MYSQLI_ASSOC)) {
  echo "部屋名称：{$row['room_name']}";
  echo "タイプID：{$row['type_id']}";
  echo "料金：{$row['dayfee']}";
  echo "画像ファイル名：{$row['main_image']} ";
}
```

4　HTML内の変動する値をPHPの変数で置換する

先ほど削除したHTMLは以下の部分であった。

roomList.php（1部屋分の処理：削除済み）

```html
53: <tr>
54:   <td>ゆとりの和室</td>
55:   <td>和室</td>
56:   <td class="number">&yen;8,000</td>
57:   <td><img class="small" src="./images/room_01_01.jpg"></td>
58:   <td><a href="./roomDetail.html">詳細</a></td>
59: </tr>
```

① 部屋名称，タイプID，1泊料金，メインイメージ画像の部分をPHPスクリプトで出力する。

roomList.php（1部屋分の処理：削除済み）

```html
53: <tr>
54:   <td>{$row['room_name']}</td>
55:   <td>{$row['type_id']}</td>
56:   <td class='number'>&yen;{$row['dayfee']}</td>
57:   <td><img class='small' src='./images/{$row['main_image']}'></td>
58:   <td><a href='./roomDetail.html'>詳細</a></td>
59: </tr>
```

2 これを先ほどのループの中に入れる。結果次のようになる。

roomList.php（実処理部分）

```
51:             <th>一泊料金 <br>（部屋単位）</th>
52:             <th colspan="2">お部屋イメージ</th>
53: <!--   ここに PHP スクリプトを埋め込む   -->
54: <?php
55:   $sql = "SELECT room_name,type_id, dayfee, main_image FROM room";
56:   $result = mysqli_query($link, $sql);
57:   while ($row = mysqli_fetch_array($result, MYSQLI_ASSOC)) {
58:     echo "<tr>";
59:     echo "<td>{$row['room_name']}</td>";
60:     echo "<td>{$row['type_id']}</td>";
61:     echo "<td class='number'>&yen; {$row['dayfee']}</td>";
62:     echo "<td><img class='small'
    src='./images/{$row['main_image']}'></td>";
63:     echo "<td><a href='./roomDetail.html'>詳細</a></td>";
64:     echo "</tr>";
65:   }
66: ?>
67:         </table>
68:       </section>
```

> シングルクォーテーションとダブルクォーテーションの区別をすること。入力を間違えるとページが表示されない。

3 ブラウザーで「roomList.php」へアクセスし，動作確認をする。

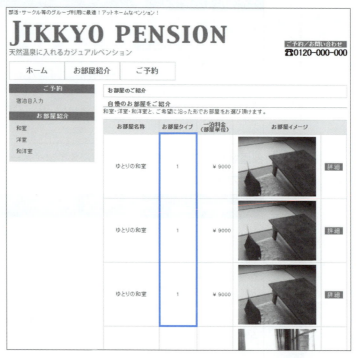

上記の表示ができればよい。ただし，まだ「お部屋タイプ」は数字での表示になっているはずである。どうすればタイプ名称が正常に表示されるだろうか。

5 複数テーブルの結合

> p.79 の E-R 図を参照するとよい。

タイプ名称は「room_type」テーブルに格納されており，「room」テーブルにはない。そこで，「room_type」と「room」の両テーブルを結合する SQL を考えなければなら

ない。具体的には次の SQL となる。

```
SELECT room_name, type_name, dayfee, main_image
    FROM room, room_type  WHERE room.type_id = room_type.type_id
```

このように，複数のテーブルからデータを取得する際には結合条件を WHERE で指定して，取得したい列名を指定する。

1 これを PHP スクリプトに適用する。

2 1 泊料金を 3 桁ごとにカンマ区切りをするように編集する。

roomList.php（実処理部分）

```
51:                <th> 一泊料金 <br>（部屋単位）</th>
52:                <th colspan="2"> お部屋イメージ </th>
53: <!--    ここに PHP スクリプトを埋め込む    -->
54: <?php
55:    $sql = "SELECT room_name, type_name, dayfee, main_image
56:       FROM room, room_type
57:       WHERE room.type_id = room_type.type_id";
58:    $result = mysqli_query($link, $sql);
59:    while ($row = mysqli_fetch_array($result, MYSQLI_ASSOC)) {
60:       echo "<tr>";
61:       echo "<td>{$row['room_name']}</td>";
62:       echo "<td>{$row['type_name']}</td>";
63:       $roomfee = number_format($row['dayfee']);
64:       echo "<td class='number'>&yen; {$roomfee}</td>";
65:       echo "<td><img class='small'
            src='./images/{$row['main_image']}'></td>";
66:       echo "<td><a href='./roomDetail.html'> 詳細 </a></td>";
67:       echo "</tr>";
68:    }
69: ?>
70:            </table>
71:        </section>
```

> number_format ()
: 引数に指定した数値に 3 桁ごとにカンマ区切りを付けてフォーマットする関数。

3 これで完成である。動作確認をする。

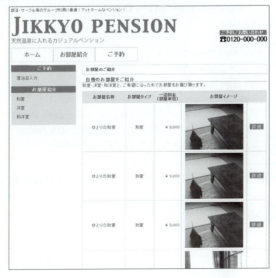

6 トップページのリンクを修正する

ここまでの作業で「index.php」と「roomList.php」が完成した。この2つのページをつなぐリンクを修正する。

1. 「index.php」のトップメニュー「お部屋紹介」を次のように「roomList.php」へ遷移するよう修正する。

```
index.php

21:    <!-- メニュー：開始 -->
22:    <nav id="menu">
23:      <ul>
24:        <li><a href="./#">ホーム</a></li>
25:        <li><a href="./roomList.php">お部屋紹介</a></li>
26:        <li><a href="./#">ご予約</a></li>
27:      </ul>
28:    </nav>
29:    <!-- メニュー：終了 -->
```

2. トップページから「お部屋紹介」のリンクをクリックして動作確認をする。
3. 「roomList.php」にある「index.html」へのリンクを「index.php」へリンクするように修正する。

```
roomList.php

15:<body>
16:    <!-- ヘッダー：開始 -->
17:    <header id="header">
18:      <div id="pr">
19:        <p>部活・サークル等のグループ利用に最適！アットホームなペンション！</p>
20:      </div>
21:      <h1><a href="./index.php"><img src="./images/logo.png" alt=""></a></h1>
22:      <div id="contact">
23:        <h2>ご予約／お問い合わせ</h2>
24:        <span class="tel">☎ 0120-000-000</span>
25:      </div>
26:    </header>
27:    <!-- ヘッダー：終了 -->
28:    <!-- メニュー：開始 -->
29:    <nav id="menu">
30:      <ul>
31:        <li><a href="./index.php">ホーム</a></li>
32:        <li><a href="./roomList.php">お部屋紹介</a></li>
33:        <li><a href="./#">ご予約</a></li>
```

4. 部屋一覧ページから「ホーム」のリンクをクリックして動作確認をする。

> ほかの場所にもこの修正をしなければならない箇所があるので，適宜修正すること。

3 部屋一覧ページの実装〜タイプ別の部屋表示

例題30 「お部屋紹介」のサイドメニューの中から「和室」が選択されたら和室の一覧を,「洋室」が選択されたら洋室の一覧をデータベースからデータを取得して表示しよう。また「特別室」が選択されたら「選択されたお部屋は準備中です」と表示しよう。

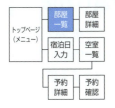

この例題の実装のために学ぶべき技術・知識

・GETリクエストによる画面間のデータの受け渡し方法
・POSTリクエストによる画面間のデータの受け渡し方法
・未入力チェックについて
・入力画面(FORM)を構成する部品

1 画面間のデータの受け渡し方法

表示する部屋タイプを指定するためには,PHPスクリプトに「部屋のタイプ名称が「和室」の部屋一覧を表示する」などと,表示したい部屋のタイプ名称を伝えなければならない。PHPスクリプトにデータを伝える方法にはGETとPOSTという2つの方法がある。

● GETの特徴

・データをリクエストURLの後にパラメータとして付与して送信する。そのため,Webサーバーのアクセスログなどに残る。
・URLに入力したデータが残る。そのため,ログイン画面などでは,IDやパスワードが他者から見えてしまうので,GET送信は使用すべきではない。
・URLの後に付与するので,サーバーが処理できるデータ量(文字数)の上限に引っかかる場合がある(HTTP1.1のRFC上は無制限)。
・GETはHTTPヘッダー情報に含まれる。

> RFC(Request for Comments)とは,インターネットに関する技術の標準を定める団体であるIETFが正式に発行する文書。

● POST の特徴
・POST は HTTP ボディ情報(form)に含まれるため，データ量が多くても送信できる。
・POST 送信後にブラウザーの戻るボタンを押したときに，有効期間切れのメッセージが表示される場合がある。

2 GETリクエストによる画面間のデータの受け渡し方法

GET でパラメータを受け渡す方法には 2 通りある。1 つは <a> タグをクリックしてページ遷移する際に，パラメータとして渡す方法。もう 1 つは <form> タグで method プロパティにて「get」を指定し，<input> タグでパラメータとする値を指定する方法である。2 つの例を動かしながら理解する。

まずは <a> タグでパラメータ渡しを実装する方法である。

1 新規 PHP ファイルを「Sample5_02.php」「Sample5_03.php」で作成し，次のドキュメントを記述しよう。

```
Sample5_02.php
01: <html>
02: <head><title>Sample5_02</title></head>
03: <body>
04:   <a href="./Sample5_03.php?param=jikkyo">GET で「jikkyo」を送信 </a>
05: </body>
06: </html>
```

2 ここで，<a> タグの href プロパティに記述されている「?」以降が GET パラメータとして送信される。パラメータは「名前 = 値」という形式で記述する。

```
Sample5_03.php
01: <?php
02:     $param = $_GET['param'];
03:     echo " 前画面から送信されたデータは「{$param}」です ";
04: ?>
```

3 「Sample5_02.php」を実行し，「GET で「jikkyo」を送信」のリンクをクリックすると，次画面に遷移する。

次画面(Sample5_03.php)には「jikkyo」という文字列はコード上存在していないが，画面上には表示される。これは前画面から送信されてきたデータである。前画面から送信されてきたデータは「$_GET [パラメータ名]」で取得することができる。

4 次のように動作することを確認する。

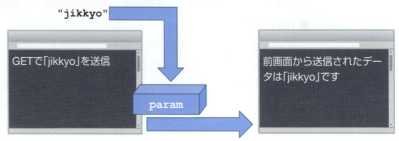

【実行結果 :Sample5_02.php】　　　【実行結果 :Sample5_03.php】

また，<form> タグで実装する方法も合わせて見ておく。

1. 新規 PHP ファイルを「Sample5_04.php」で作成し，次のドキュメントを記述する。

```
Sample5_04.php
01: <html>
02: <head><title>Sample5_04</title></head>
03: <body>
04:     <form method="get" action="./Sample5_03.php">
05:         <p> 入力値を Sample5_03.php へ GET 送信します </p>
06:         <input type="text" name="param" value="30h">
07:         <input type="submit">
08:     </form>
09: </body>
10: </html>
```

この実装方法では，<form> タグで囲まれた範囲内にある <input> タグのデータが送信される。このときに <input> タグの name プロパティが送信パラメータ名になる。また，<form> タグの method プロパティに「get」をセットすることで，GET 送信となる（省略した場合 GET 送信になる）。また，送信先ファイル名を action プロパティにセットする。このとき，<form> タグの範囲内にある type プロパティが submit ボタンを押すことで画面遷移が行われる。逆に submit ボタンが <form> タグの範囲内にない場合は遷移しない。

2. 「Sample5_04.php」を実行し，テキストボックスに「30h」と入力する。その後，「送信」ボタンを押し，次のように動作することを確認する。

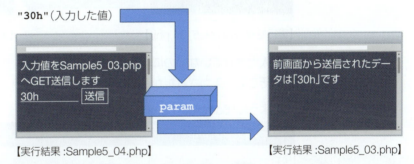

【実行結果 :Sample5_04.php】　　　【実行結果 :Sample5_03.php】

3　POSTリクエストによる画面間のデータの受け渡し方法

POST 送信で受け渡す方法としては，<form> タグの method プロパティにて「post」を指定する。こちらも動かしながら理解する。

1. 「Sample5_03.php」と「Sample5_04.php」を次のように修正しよう。

```
Sample5_04.php
01: <html>
02: <head><title>Sample5_04</title></head>
03: <body>
04:     <form method="post" action="./Sample5_03.php">
05:         <p> 入力値を Sample5_03.php へ POST 送信します </p>
06:         <input type="text" name="param" value="jikkyo">
07:         <input type="submit">
08:     </form>
09: </body>
10: </html>
```

```
Sample5_03.php
01: <?php
02:     $param = $_POST['param'];
03:     echo " 前画面から送信されたデータは「{$param}」です ";
04: ?>
```

送信時の違いは <form> タグの method プロパティを「post」にする点である。また，受信時の違いは PHP スクリプト内にて「$_POST[パラメータ名]」で受け取るところにある。

4 未入力チェックについて

GET 送信でも POST 送信でも受信側ページでは受け取ったデータに対して何らかの処理を行う。このときに考えなければならないのは，未入力だった場合の処理である。

① 今回のサンプルで，「Sample5_04.php」で何も入力しないで送信ボタンを押してみよう。

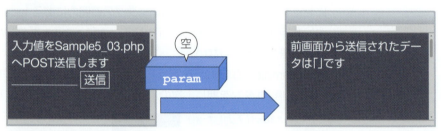

【実行結果 :Sample5_04.php】　　　　　　　　【実行結果 :Sample5_03.php】

何も入力されていないのに「前画面で入力されたデータは…」という表示はおかしい。そこで，入力されたかどうかの判定のコードを入れる。

② 次のように「Sample5_03.php」を修正しよう。

```
Sample5_03.php
01: <?php
02:     $param = $_POST['param'];
03:     if (empty($param) == true) {
04:         echo " 未入力です ";
05:     } else {
06:         echo " 前画面から送信されたデータは「{$param}」です ";
07:     }
08: ?>
```

> empty ()：
> 引数に指定した変数が空かどうか検査する関数。

③ 次のように動作することを確認する。

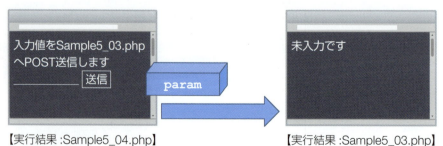

【実行結果 :Sample5_04.php】　　　　　　　　【実行結果 :Sample5_03.php】

empty()関数は引数に指定した変数が次の値であった場合，TRUE（空である）と判定される。

empty()関数でTRUEと判定される場合	
""	空文字列
0	整数の0
0.0	浮動小数点数の0
"0"	文字列の0
NULL,FALSE	
array()	空の配列など値が設定されていない状態

変数の値が「0」のときも空と判定されることに注意する。「0」が入力される可能性のある項目について empty() 関数だけでは未入力チェックにならないということである。

また，if 文は論理値で判断されるため，3 行目の

    if (empty($param) == true) {

の一文は

    if (empty($param)) {

と記述しても構わない。

5 入力画面（FORM）を構成する部品

<form> タグを使うことで，入力フォームを表すことができる。<form> タグに囲まれた範囲にある <input> タグや <select> タグ，<textarea> タグが入力要素になる。フォームは通常，送信ボタン（submit ボタン）を持つ。これら入力要素に値を入力した後，送信ボタンを押すと，method プロパティで指定した転送方法（POST または GET）で，action プロパティで指定したアクション（URL）を呼び出す。

各入力要素をどのように指定すれば，どのように表示されるのか，試してみよう。

Sample5_05.php

```
01: <html>
02: <head><title>Sample5_05</title></head>
03: <body>
04:   <form method="post" action="./Sample5_03.php">
05:     <p> 入力値を Sample5_03.php へ POST 送信します </p>
06:     <p> 名前を入力してください（テキストボックス）
07:     <input type="text" name="param" value="jikkyo"></p>
08:     <p> 性別を入力してください（ラジオボタン）
09:     <input type="radio" name="gender" value="man"> 男
10:     <input type="radio" name="gender" value="woman"> 女 </p>
11:     <p> 年齢層を指定してください（セレクトボックス）
12:     <select name="age">
13:       <option value="10"> 〜 19</option>
14:       <option value="20">20 〜 29</option>
15:       <option value="30">30 〜 39</option>
16:     </select></p>
17:     <p> 誕生日を入力してください（日付入力：対応ブラウザーのみ）
18:     <input type="date" name="birth">
19:     </p>
20:     <input type="submit">
21:     <input type="reset">
22:   </form>
23: </body>
24: </html>
```

フォームの範囲

【実行結果】

← → C ① localhost/30H_PHP/Sample5_05.php

入力値をSample5_03.phpへPOST送信します

名前を入力してください（テキストボックス） jikkyo

性別を入力してください（ラジオボタン） ○ 男 ○ 女

年齢層を指定してください（セレクトボックス） 〜 19 ▾

誕生日を入力してください（日付入力：対応ブラウザーのみ） 年 /月 /日

送信 リセット

<input> タグの type プロパティの値で入力要素の形式が変えることができる。文字列を入力する「テキストボックス」，複数の選択肢を一覧で見て選択することができる「ラジオボタン」，多くの選択肢がある場合にリスト形式で表示する「セレクトボックス」などである。これらはほんの一部であり，ほかにも多くの有用な入力要素が用意されている。

さらに，HTML5 へのバージョンアップ時に多くの入力要素が追加された。サンプルでは，HTML5 で追加されたカレンダー表示をすることができる「type="date"」も例に含めた。ただし，表示できるブラウザーは限られているため利用には注意が必要である。

実習 06　フォーム送信データの取得演習

「Sample5_03.php」では，前の画面で入力された「name="param"」の入力要素の値を表示している。今回「Sample5_05.php」でさまざまな入力要素を追加した。これらすべての要素について，実行例を見て入力された値を表示するように「Sample5_03.php」を修正しなさい。

■ 実行結果（例）

【ステップアップ】

それぞれの項目について，未入力チェックを入れること。
例えば，誕生日の入力欄が未入力の場合は「誕生日の入力項目が未入力です」とメッセージを表示してみよう。
ただし，性別（ラジオボタン）の未入力チェックには empty() 関数の代わりに isset() 関数を利用すること。isset() 関数は，引数に指定された変数がセットされていることを確認する関数。

6 トップページから部屋一覧ページへ部屋タイプIDを含んだリンクを作成する

これまでの内容を踏まえ，予約システムの実装に入る。

1️⃣ トップページ(index.php)のサイドメニューの「お部屋紹介」のリンクを修正する。それぞれ和室，洋室，和洋室，特別室のタイプ ID を含んだリンクとする。今回は GET を使って部屋のタイプ ID を送信するようにする。リンクを作成するのは <a> タグである。

ここでは，最終的に次の HTML が出力されるようにする。

```
78:        <section>
79:            <h2>お部屋紹介</h2>
80:            <ul>
81:                <li><a href="./roomList.php?tid=1">和室</a></li>
82:                <li><a href="./roomList.php?tid=2">洋室</a></li>
83:                <li><a href="./roomList.php?tid=3">和洋室</a></li>
84:                <li><a href="./roomList.php?tid=4">特別室</a></li>
85:            </ul>
86:        </section>
```

<a> タグの href プロパティに記述されている「?」以降が GET パラメータとして送信される。パラメータは「名前 = 値」という形式で記述する。

ここでの「`<a href="./roomList.php?tid=1">和室</a>`」は，「和室をクリックすると，「roomList.php」を表示する。ただし，部屋のタイプ ID(`tid`)が和室(1)の部屋とする」という意味になる。

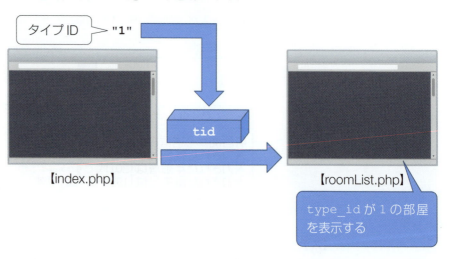

そのため，「和室」をクリックしたら和室の「`type_id`」の値である「1」が，「洋室」をクリックしたら「2」が「roomList.php」へ渡されるようにする。それらの値に対応した内容を「roomList.php」では表示すればよいことになる。

2 次のようにトップページのサイドメニューの記述部分を修正する。

```
index.php

70:     <!-- サイド：開始 -->
   ⋮
78:       <section>
79:         <h2>お部屋紹介 </h2>
80:  <?php
81:    $link = mysqli_connect("localhost", "jikkyo", "pass",
     "jikkyo_pension");
82:    if ($link == null) {
83:      die(" 接続に失敗しました ");
84:    }
85:    mysqli_set_charset($link, "utf8");
86:    $result = mysqli_set_charset($link, "SELECT * FROM room_type");
87:    echo "<ul>";
88:    while ($row = mysqli_fetch_array($result, MYSQLI_ASSOC)) {
89:      echo "<li><a href='./roomList.php?tid=" .
     $row['type_id'] . "'>" .$row['type_name'] . "</a></li>";
90:    }
91:    echo "</ul>";
92:    mysqli_free_result($result);
93:    mysqli_close($link);
94:  ?>
95:       </section>
96:     </aside>
97:     <!-- サイド：終了 -->
```

シングルクォーテーションとダブルクォーテーションが混在するため，入力時には気を付けること。

7 部屋一覧ページで値を受け取る

「roomList.php」でトップページからの情報を取得する。

1 先ほど変更した「roomList.php」の先頭部分に次の記述を追加する。

```
roomList.php （先頭部分）

01:  <?php
02:    $tid = $_GET["tid"];
03:    echo "<h1>" . $tid . "</h1>";
04:    $link = mysqli_connect("localhost", "jikkyo", "pass",
     "jikkyo_pension");
05:    if ($link == null) {
06:      die(" 接続に失敗しました：" . mysqli_connect_error());
07:    }
08:    mysqli_set_charset($link, "utf8");
09:  ?>
10:  <!DOCTYPE html>
11:  <html lang="ja">
```

30H Academic | **119**

2. その後，トップページから各画面のリンクをクリックする。確認しづらいかもしれないが，画面最上部に数字が表示されていればデータが渡っていることがわかる。それぞれの部屋タイプによって，違う数字が表示されていることを確認すること（表示を確認したら3行目は削除しておく）。

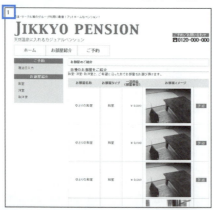

8 受け取ったIDで情報を取得し，画面に表示する

部屋のタイプIDを受け取ることができたら，それでSQLを組み立てる。SQLの抽出条件指定であるWHERE句にもう1つ条件を追加すればよい。具体的には次のSQLになる（例えば，和室（「type_id」が「1」）が指定された場合）。

```sql
SELECT room_name, type_name, dayfee, main_image
FROM room, room_type
WHERE room.type_id = room_type.type_id  AND  room.type_id = 1
```

1. 上記をPHPスクリプトに適用する。

roomList.php（実処理部分）

```
52:             <th>一泊料金 <br>（部屋単位）</th>
53:             <th colspan="2">お部屋イメージ</th>
54: <!--  ここに PHP スクリプトを埋め込む  -->
55: <?php
56:   $sql = "SELECT room_name, type_name, dayfee, main_image
57:     FROM room, room_type
58:     WHERE room.type_id = room_type.type_id
59:     AND room.type_id = {$tid}";
60:   $result = mysqli_query($link, $sql);
61:   while ($row = mysqli_fetch_array($result, MYSQLI_ASSOC)) {
62:     echo "<tr>";
63:     echo "<td>{$row['room_name']}</td>";
64:     echo "<td>{$row['type_name']}</td>";
65:     $roomfee = number_format($row['dayfee']);
66:     echo "<td class='number'>&yen; {$roomfee}</td>";
67:     echo "<td><img class='small' src='./images/{$row['main_image']}'></td>";
68:     echo "<td><a href='./roomDetail.html'>詳細</a></td>";
69:     echo "</tr>";
70:   }
71: ?>
```

これで完成である。

2 トップページから「和室」「洋室」など，各部屋タイプのリンクをクリックし，表示内容が変わっていることを確認する。

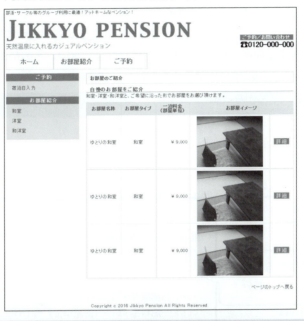

9 部屋情報がなかった場合の処理を加える

トップページにて，前の節で追加した「特別室」をクリックしてみてほしい。次のような表示になる。

この画面は，ユーザーにとって不親切である。ページに表示する部屋が見つからないのであれば，「ご指定のお部屋は只今準備ができておりません」など，きちんとしたメッセージを表示するべきである。この処理はどのようにしたらよいだろうか。

p.97 で次の関数の説明を行った。

```
mysqli_num_rows(結果変数)
```

これは，結果として何行のデータが取得できたかを調べられる命令である。これを使って件数を取得し，0件であれば「準備ができておりません」と表示するようにすればよい。

ただし，SQLを実行するタイミングを少し変更しなければならない。

1️⃣ 次のようにSQL実行のタイミングを変更する。検索結果を受けて，部屋の紹介をするかどうかの分岐をしなければならない。そのため，SQLの実行タイミングを，部屋紹介の前に入れなければならない。

roomList.php（実処理部分）

```
40:    <!-- メイン：開始 -->
41:    <main id="main">
42:      <article>
43:        <section>
44:          <h2> お部屋のご紹介 </h2>
45:          <h3> 自慢のお部屋をご紹介 </h3>
46:          <p>
47:            和室・洋室・和洋室と、ご希望に沿った形でお部屋をお選び頂けます。
          </p>
          <table>
            <th> お部屋名称 </th>
            <th> お部屋タイプ </th>
52:            <th> 一泊料金 <br>（部屋単位）</th>
53:            <th colspan="2"> お部屋イメージ </th>
54: <!--   ここに PHP スクリプトを埋め込む   -->
55: <?php
56:    $sql = "SELECT room_name, type_name, dayfee, main_image
57:      FROM room, room_type
58:      WHERE room.type_id = room_type.type_id
59:      AND room.type_id = {$tid}";
60:    $result = mysqli_query($link, $sql);
61:    while ($row = mysqli_fetch_array($result, MYSQLI_ASSOC)) {
62:      echo "<tr>";
63:      echo "<td>{$row['room_name']}</td>";
64:      echo "<td>{$row['type_name']}</td>";
65:      $roomfee = number_format($row['dayfee']);
66:      echo "<td class='number'>&yen; {$roomfee}</td>";
67:      echo "<td><img class='small' src='./images/
    {$row['main_image']}'></td>";
68:      echo "<td><a href='./roomDetail.html'> 詳細 </a></td>";
69:      echo "</tr>";
70:    }
71: ?>
72:            </table>
73:          </section>
74:        </article>
75:    </main>
76:    <!-- メイン：終了 -->
```

検索結果があるときだけ表示をしたい部分

2 検索結果を受けて分岐をし，部屋紹介をするかどうかを記述する。分岐の構造が長くなるので気を付けてほしい。

---

roomList.php（実処理部分）

```
40:     <!-- メイン：開始 -->
41:     <main id="main">
42:       <article>
43:         <section>
44:           <h2> お部屋のご紹介 </h2>
45: <?php
46:     $sql = "SELECT room_name, type_name, dayfee, main_image
47:       FROM room, room_type
48:       WHERE room.type_id = room_type.type_id
49:       AND room.type_id = {$tid}";
50:     $result = mysqli_query($link, $sql);
51:     $cnt = mysqli_num_rows($result);
52:     if ($cnt == 0) {
53:       echo "<b> ご指定のお部屋は只今準備ができておりません </b>";
54:     } else {
55: ?>
56:           <h3> 自慢のお部屋をご紹介 </h3>
57:           <p>
58:             和室・洋室・和洋室と、ご希望に沿った形でお部屋をお選び頂けます。
59:           </p>
60:           <table>
61:             <th> お部屋名称 </th>
62:             <th> お部屋タイプ </th>
63:             <th> 一泊料金 <br>（部屋単位）</th>
64:             <th colspan="2"> お部屋イメージ </th>
65: <!--   ここに PHP スクリプトを埋め込む   -->
66: <?php
67:     while ($row = mysqli_fetch_array($result, MYSQLI_ASSOC)) {
68:       echo "<tr>";
69:       echo "<td>{$row['room_name']}</td>";
70:       echo "<td>{$row['type_name']}</td>";
71:       $roomfee = number_format($row['dayfee']);
72:       echo "<td class='number'>&yen; {$roomfee}</td>";
73:       echo "<td><img class=" small" src="./images/
    {$row['main_image']}"></td>";
74:       echo "<td><a href="./roomDetail.html"> 詳細 </a></td>";
75:       echo "</tr>";
76:     }
77:   }
78: ?>
79:           </table>
80:         </section>
81:       </article>
82:     </main>
```

件数取得 → 51

結果なし → 52〜54

結果あり → 66〜

52 行目の if 文の分岐の真のときと偽のときの範囲を理解しておくこと。とくに偽のときの処理範囲は 55 行目から 77 行目までとなる。

10 全件検索時の処理を入れる

ここまでで作成した「roomList.php」はトップページから「和室」や「洋室」といった部屋タイプの指定をしたという前提でコーディングしている。しかし，トップページには，次のように部屋紹介のリンクが 2 か所ある。

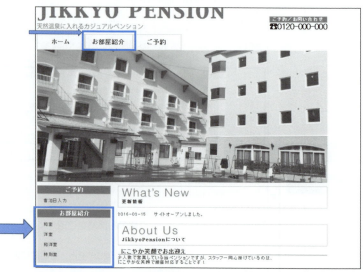

ページ上部のメニューをクリックした場合は，建物内のすべての部屋情報を表示したい。そのため，条件ごとに実行する SQL を切り分けなければならない。

・和室（「`type_id`」が「1」）が指定された場合

```
SELECT room_name, type_name, dayfee, main_image
   FROM room, room_type
   WHERE room.type_id = room_type.type_id  AND  room.type_id = 1
```

・部屋タイプが指定されなかった場合

```
SELECT room_name, type_name, dayfee, main_image
   FROM room, room_type
   WHERE room.type_id = room_type.type_id
```

GET パラメータが空だったらという判定を追加し，上記 SQL の実行を分岐するようにする。前述したように空だったらという判定は empty() 関数を利用する。

① 「roomList.php」の先頭部分を次のように修正する。

roomList.php（先頭部分）

```
01: <?php
02:     if (empty($_GET["tid"]) == true) {
03:         $tid = "";
04:     } else {
05:         $tid = $_GET["tid"];
06:     }
07:     $link = mysqli_connect("localhost", "jikkyo", "pass",
    "jikkyo_pension");
08:     if ($link == null) {
09:         die("接続に失敗しました：" . mysqli_connect_error());
```

2 さらに SQL の構築の部分にも変更を加える。

---

roomList.php（実処理部分）

```
44:       <!-- メイン：開始 -->
45:       <main id="main">
46:         <article>
47:           <section>
48:               <h2> お部屋のご紹介 </h2>
49: <?php
50:    if (empty($tid) == true) {
51:      $sql = "SELECT room_name, type_name, dayfee, main_image
52:        FROM room, room_type
53:        WHERE room.type_id = room_type.type_id";
54:    } else {
55:      $sql = "SELECT room_name, type_name, dayfee, main_image
56:        FROM room, room_type
57:        WHERE room.type_id = room_type.type_id
58:        AND room.type_id = {$tid}";
59:    }
60:    $result = mysqli_query($link, $sql);
61:    $cnt = mysqli_num_rows($result);
62:    if ($cnt == 0) {
63:      echo "<b> ご指定のお部屋は只今準備ができておりません </b>";
64:    } else {
65: ?>
66:               <h3> 自慢のお部屋をご紹介 </h3>
```

これでトップページからの全部屋紹介，部屋タイプごとの部屋紹介ができる。
また，このときに考慮したいことがある。それは悪意のある入力を防ぐという点
である。今回の部屋一覧の表示については，以下の URL でのアクセスを想定し
ている。

```
http:// [ サーバーアドレス ]/30H_PHP/roomList.php?tid=[ 部屋タイプ ID]
```

ここで，部屋タイプ ID の部分を悪意のあるユーザーが書き換えてアクセスす
ると，情報の流出やなりすましなどのセキュリティリスクが高まる。そこで，
htmlspecialchars() 関数でそういったケースを防ぐようにする。

3 先ほど修正した「roomList.php」の先頭部分を以下のように修正する。

> **htmlspecialchars()**
> ：引数に指定した文字列を HTML の表現形式に変換する。これによりスクリプトコード等をただの文字列に変換することができる。

---

roomList.php（先頭部分）

```
01: <?php
02:    if (empty($_GET["tid"]) == true) {
03:      $tid = "";
04:    } else {
05:      $tid = htmlspecialchars($_GET["tid"]);
06:    }
07:    $link = mysqli_connect("localhost", "jikkyo", "pass",
       "jikkyo_pension");
```

30H Academic **125**

4 部屋詳細ページの実装

例題 31 部屋一覧画面から「詳細ボタン」が押された後の「部屋詳細画面」の内容について，データベースからデータを取得して表示しよう。

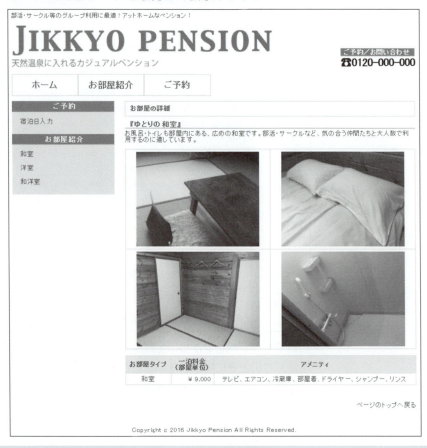

1 部屋の情報をGETパラメータで送る

このページでもやることは前と同じである。まずは，次のように前画面（roomList.php）から詳細画面（roomDetail.php）へ部屋情報をGETパラメータで送信するように修正する。

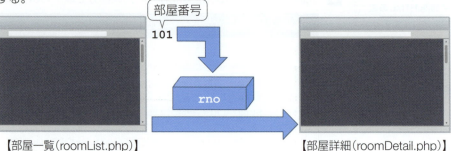

```
<a href="./roomDetail.php?rno=101"> 詳細 </a>
```

「詳細」をクリックすると「./roomDetail.php」へ画面遷移する。

ただし，「rno」という名前のパラメータに「101」を格納して遷移すること。

「roomDetail.php」では，部屋番号を受け取り，その部屋の詳細を表示する。

1 「roomList.php」の次の部分を修正する。

roomList.php（実処理部分）

```
44:    <!-- メイン：開始 -->
45:    <main id="main">
46:      <article>
 :
66:         <h3> 自慢のお部屋をご紹介 </h3>
67:         <p>
68:           和室・洋室・和洋室と、ご希望に沿った形でお部屋をお選び頂けます。
69:         </p>
70:         <table>
71:           <th> お部屋名称 </th>
72:           <th> お部屋タイプ </th>
73:           <th> 一泊料金 <br> (部屋単位) </th>
74:           <th colspan="2"> お部屋イメージ </th>
75:      <!--  ここに PHP スクリプトを埋め込む   -->
76:      <?php
77:        while ($row = mysqli_fetch_array($result, MYSQLI_ASSOC)) {
78:          echo "<tr>";
79:          echo "<td>{$row['room_name']}</td>";
80:          echo "<td>{$row['type_name']}</td>";
81:          $roomfee = number_format($row['dayfee']);
82:          echo "<td class='number'>&yen; {$roomfee}</td>";
83:          echo "<td><img class='small' src='./images/
    {$row['main_image']}'></td>";
84:          echo "<td><a href='./roomDetail.php?rno={$row['room_no']}'>
    詳細 </a></td>";
85:          echo "</tr>";
86:        }
```

これで「roomList.php」を再読み込みするとエラーが発生する。なぜなら，新たに追加した「room_no」のデータが，「roomList.php」で取得されていないからである。

2 「room_no」を取得するように SQL を修正する。4 章で紹介した下の E-R 図を見ると「room_no」は「room」テーブルに格納されていることがわかる。そのため，単純に SQL に項目を追加すればよい。

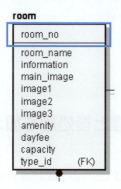

```
roomList.php（実処理部分）
44:       <!-- メイン：開始 -->
45:       <main id="main">
46:         <article>
47:           <section>
48:             <h2> お部屋のご紹介 </h2>
49: <?php
50:   if (empty($tid) == true) {
51:     $sql = "SELECT room_name, type_name, dayfee, main_image, room_no
52:       FROM room, room_type
53:       WHERE room.type_id = room_type.type_id";
54:   } else {
55:     $sql = "SELECT room_name, type_name, dayfee, main_image, room_no
56:       FROM room, room_type
57:       WHERE room.type_id = room_type.type_id
58:       AND room.type_id = {$tid}";
59:   }
60:   $result = mysqli_query($link, $sql);
61:   $cnt = mysqli_num_rows($result);
62:   if ($cnt == 0) {
63:     echo "<p> ご指定のお部屋は只今準備ができておりません </p>";
64:   } else {
65: ?>
66:             <h3> 自慢のお部屋をご紹介 </h3>
```

このように，画面に必要な情報は適宜 SQL を使ってデータベースから取得し，表示するようにする(ただし，どのテーブルに取得したいデータがあるのかは E-R 図を使って確認しなければならない)。これにより，データベースと連携したシステムを作ることができる。

2 データベース接続の前処理と後処理を加える

それでは，部屋詳細画面を作っていく。

1 「roomDetail.html」の拡張子を変更し，「roomDetail.php」とする。

2 データベース接続の前処理と後処理を加える。

---

roomDetail.php（先頭部分：データベース接続の前処理）

```
01: <?php
02:   $link = mysqli_connect("localhost", "jikkyo", "pass",
      "jikkyo_pension");
03:   if ($link == null) {
04:     die(" 接続に失敗しました：" . mysqli_connect_error());
05:   }
06:   mysqli_set_charset($link, "utf8");
07: ?>
08: <!DOCTYPE html>
09: <html lang="ja">
10: <head>
11:   <meta charset="UTF-8">
12:   <link rel="stylesheet" href="./css/style.css" type="text/css">
13:   <title>JIKKYO PENSION</title>
14: </head>
```

---

roomDetail.php（末尾部分：データベース接続の後処理）

```
100:   <!-- フッター：開始 -->
101:   <footer id="footer">
102:     Copyright c 2016 Jikkyo Pension All Rights Reserved.
103:   </footer>
104:   <!-- フッター：終了 -->
105: <?php
106:   mysqli_free_result($result);
107:   mysqli_close($link);
108: ?>
109: </body>
110: </html>
```

---

3 GETパラメータを取得し，テーブル情報を取得・表示する

1 前画面からのパラメータを受け取る。今回は存在しない部屋情報を表示することはないので，分岐は実装しない。

> ▶ 悪意のあるユーザーへの対策として入力値チェックは必要であるが，ここでは実装しないこととする。

---

roomDetail.php（先頭部分）

```
01: <?php
02:   $rno = htmlspecialchars($_GET["rno"]);
03:   $link = mysqli_connect("localhost", "jikkyo", "pass",
      "jikkyo_pension");
04:   if ($link == null) {
05:     die(" 接続に失敗しました：" . mysqli_connect_error());
06:   }
07:   mysqli_set_charset($link, "utf8");
08: ?>
09: <!DOCTYPE html>
10: <html lang="ja">
```

---

2 データ取得のSQLを考える。そのために，何を表示しており，どのテーブルから取得すればよいのかを考える必要がある。

5章

オンライン予約システムの実装 ～トップページから部屋詳細表示～

30H Academic **129**

2章で作成した HTML は次のとおりである。

```
roomDetail.html
32: <!-- メイン：開始 -->
33: <main id="main">
34:   <article>
35:     <section>
36:       <h2> お部屋の詳細 </h2>
37:       <h3> 『ゆとりの和室』 </h3>
38:       <p>
39:          お風呂・トイレも部屋内にある、広めの和室です。
40:          <br> 部活・サークルなど、気の合う仲間たちと大人数で利用するのに適しています。
41:       </p>
42:       <table>
43:         <tr>
44:           <td><img class="middle" src="./images/room_01_01.jpg">
    </td>
45:           <td><img class="middle" src="./images/room_01_02.jpg">
    </td>
46:         </tr>
47:         <tr>
48:           <td><img class="middle" src="./images/room_01_03.jpg">
    </td>
49:           <td><img class="middle" src="./images/room_01_04.jpg">
    </td>
50:         </tr>
51:       </table>
52:       <br>
53:       <table>
54:         <th> お部屋タイプ </th>
55:         <th> 一泊料金 <br> （部屋単位） </th>
56:         <th> アメニティ </th>
57:         <tr>
58:           <td> 和室 </td>
59:           <td class="number">&yen;8,000</td>
60:           <td> 部屋着、ドライヤー、シャンプー、リンス </td>
61:         </tr>
62:       </table>
63:       <br>
64:     </section>
65:   </article>
66: </main>
67: <!-- メイン：終了 -->
```

3 この中でデータベースから取得すべき情報はどこなのか，上記コード中にマークしてほしい。

項目としては次のとおりである。

・部屋名称(room_name)

・案内文(information)

・画像ファイル4枚(main_image, image1, image2, image3)

・タイプ名称(type_name)

・1泊料金(dayfee)

・アメニティ（amenity）

4　4章で説明したE-R図を見て，取得元データが何というテーブルにあるのかを確認しながら，取得するSQLを作成する。

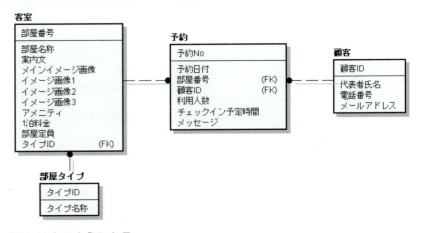

SQLは次のようになる。

```
SELECT room_name, information, main_image, image1, image2, image3,
type_name, dayfee, amenity
FROM room, room_type
WHERE room.type_id = room_type.type_id AND room.room_no = 部屋番号
```

5　このSQLを組み込み，表示できるようにする。

roomDetail.php（表示実装部分）

```
40: <!-- メイン：開始 -->
41: <?php
42:   $sql = "SELECT room_name, information, main_image, image1, image2,
43:     image3, type_name, dayfee, amenity FROM room, room_type
44:     WHERE room.type_id = room_type.type_id
45:     AND room.room_no = {$rno}";
46:   $result = mysqli_query($link, $sql);
47:   $row = mysqli_fetch_array($result, MYSQLI_ASSOC);
48: ?>
49: <main id="main">
50:   <article>
51:     <section>
52:       <h2> お部屋の詳細 </h2>
```

このSQLを実行(mysqli_query())することで，結果が「$result」に格納される。その結果を1行取り出し「$row」に格納する。そもそもデータは1行しかないので，ループする必要はない。

6 「`$row`」からそれぞれ表示情報を取得する。

roomDetail.php（表示実装部分）

```
49: <main id="main">
50:   <article>
51:     <section>
52:         <h2> お部屋の詳細 </h2>
53:         <h3>『<?php echo $row['room_name']; ?>』</h3>
54:         <p>
55: <?php echo $row['information']; ?>
56:         </p>
57:         <table>
58:           <tr>
59:             <td><img class="middle"
    src="./images/<?php echo $row['main_image']; ?>"></td>
60:             <td><img class="middle"
    src="./images/<?php echo $row['image1']; ?>"></td>
61:           </tr>
62:           <tr>
63:             <td><img class="middle"
    src="./images/<?php echo $row['image2']; ?>"></td>
64:             <td><img class="middle"
    src="./images/<?php echo $row['image3']; ?>"></td>
65:           </tr>
66:         </table>
67:         <br>
68:         <table>
69:           <th> お部屋タイプ </th>
70:           <th> 一泊料金 <br>（部屋単位）</th>
71:           <th> アメニティ </th>
72:           <tr>
73:             <td><?php echo $row['type_name']; ?></td>
74:             <td class="number">&yen;
    <?php echo number_format($row['dayfee']); ?></td>
75:             <td><?php echo $row['amenity']; ?></td>
76:           </tr>
77:         </table>
78:         <br>
79:     </section>
80:   </article>
81: </main>
82: <!-- メイン：終了 -->
```

部屋一覧画面は部屋情報をループさせていたが，部屋詳細は 1 部屋分の情報のため，ループをさせる必要がない。そこで上記のように HTML 文中に PHP のコードでデータベースの情報を表示するコードを埋め込む形をとる。

7 実行結果を確認する。

5 処理コードの共有化

例題 32 「index.php」「roomList.php」「roomDetail.php」の3画面にそれぞれある「お部屋紹介」のサイドメニューのコードを共有化するようにしよう。

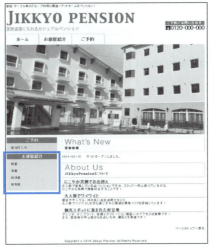

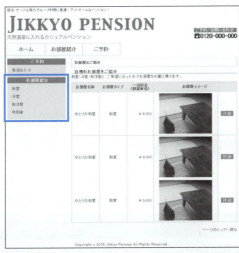

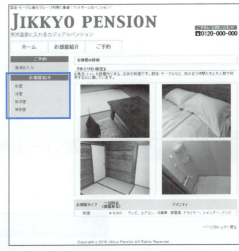

1 共有化するために，同じ処理コードを切り出す

ここまで，トップページ(index.php)，部屋一覧画面(roomList.php)，部屋詳細画面(roomDetail.php)の3つの画面を作ってきた。しかし，サイドメニューにある「お部屋紹介」のコードは「index.php」では実装したものの，ほかの画面では実装していない。そのためデータベースに変更があった場合でも表示は変わらない。

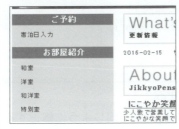

トップページ(index.php)

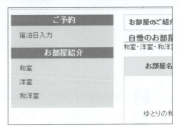

部屋一覧(roomList.php)

このように複数画面で同じ処理をする場合，共有化できるようにスクリプトを切り出し，それを各画面で利用できるようにしたほうがよい。

そこで，「index.php」のサイドメニューにあった「お部屋紹介」の部分のみを切り出した新規 PHP ファイルを作成する。

1 新規 PHP ファイルを「sideList.php」として作成し，次のドキュメントを記述する。この内容は index.php でサイドメニューのために作成したスクリプトである。

> ▶ サイドメニュー用のスクリプトのため，変数名に「s_」が付いていることに注意して記述すること。

```
sideList.php

01: <?php
02:   $s_link = mysqli_connect("localhost", "jikkyo", "pass",
      "jikkyo_pension");
03:   if ($s_link == null) {
04:     die("接続に失敗しました:" . mysqli_connect_error());
05:   }
06:   mysqli_set_charset($s_link, "utf8");
07:   $s_result = mysqli_query($s_link, "SELECT * FROM room_type");
08:   echo "<ul>";
09:   while ($s_row = mysqli_fetch_array($s_result, MYSQLI_ASSOC)) {
10:     echo "<li><a href='./roomList.php?tid=" .
11:       $s_row['type_id'] . "'>" . $s_row['type_name'] . "</a></li>";
12:   }
13:   echo "</ul>";
14:   mysqli_free_result($s_result);
15:   mysqli_close($s_link);
16: ?>
```

このコードを 3 つのページで共通利用すればよいことになる。

2 作成したコードを共有化する

1 作成した「sideList.php」を「index.php」「roomList.php」「roomDetail.php」で共通利用するように修正する。このときには PHP の include()命令を利用する。

> ▶ include ()：引数に指定したファイルを読み込む命令。複数のスクリプトから共通のスクリプトを読み込むときなどに利用する。

```
index.php（拡張子変更後）

70:     <!-- サイド：開始 -->
71:     <aside id="side">
72:       <section>
73:         <h2>ご予約</h2>
74:         <ul>
75:           <li><a href="./#">宿泊日入力</a></li>
76:         </ul>
77:       </section>
78:       <section>
79:         <h2>お部屋紹介</h2>
80: <?php include("./sideList.php"); ?>
81:       </section>
82:     </aside>
83:     <!-- サイド：終了 -->
```

2 「index.php」の適用後を確認する。

3 「roomList.php」と「roomDetail.php」も同じように修正する。すべての画面でデータベースに追加登録した「特別室」が表示されていれば完成である。

134 PHP入門

実習 07　ページのメニューを共有化する

ページのヘッダーメニュー部分にある「ホーム」「お部屋紹介」「ご予約」のリンク部分も各画面で共通であることがわかる。この部分も共通利用できるようにしなさい。

■ 完成例

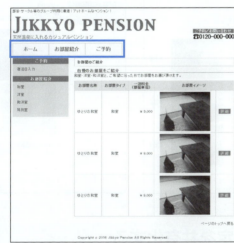

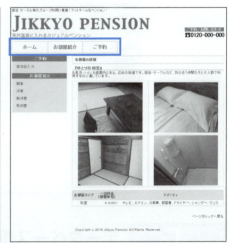

① 「index.php」のページヘッダーメニューを抜き出した，新たなファイル（topmenu.php）を作成する。
　　●ヒント：<!-- メニュー：開始 -->から<!-- メニュー：終了 -->で囲まれた部分がページヘッダーメニューにあたる。
② include ()命令を使って「topmenu.php」を読み込むようにする。
③ 「roomList.php」と「roomDetail.php」についても同じように記述する。
④ すべての画面について動作確認をとる。

6 データベース設定の共有化

例題 33 「index.php(sideList.php)」「roomList.php」「roomDetail.php」の3画面で利用しているデータベース設定を共有化するようにしよう。

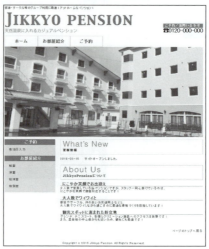

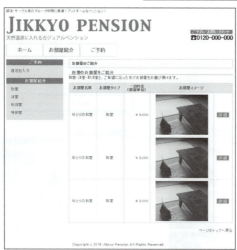

1 データベース設定を共有化する

トップページ(index.php, sideList.php), 部屋一覧画面(roomList.php), 部屋詳細画面(roomDetail.php)の3つの画面でそれぞれデータベースに接続するコードを記述している。そこにはデータベースのサーバー名やユーザー名, パスワード, データベース名などが記述されている。

```
mysqli_connect("サーバー名","接続ユーザー名","接続パスワード","接続データベース名")
```

もし, サーバーへの接続パスワードを変えなければならない場合や, サーバー名に変更があった場合, 3つのファイルすべてを修正しなければならない。また, 今後複数のページを作成していけば, この仕組みはメンテナンス性に問題がある。
そこで, 前の節と同じようにデータベース設定も共有するようにしたい。

1 新規 PHP ファイルを「dbConfig.php」として作成し，次のドキュメントを記述する。

```
dbConfig.php
01: <?php
02: define("DB_SERVER","localhost");       // サーバー
03: define("DB_NAME","jikkyo_pension");    // データベース
04: define("DB_USER","jikkyo");            // ユーザー
05: define("DB_PASS","pass");              // パスワード
06: ?>
```

ここでは define() 関数を使っている。これは定数宣言であり，2 行目の意味としては「スクリプト中の『DB_SERVER』という名前は『localhost』という定数である」となる。定数は，変数と違い一度定義した値を変更することができない。データベース設定はスクリプト中に変更されるような性質のものではないため，定数として宣言している。

2 これを利用するために記述を変更する。ここでは「sideList.php」を例に示す。

> require_once()：引数に指定したファイルを読み込む命令。複数のスクリプトから共通のスクリプトを読み込むときなどに利用する。include() とは違い 1 度のみ読み込む。

```
sideList.php
01: <?php
02:     require_once('./dbConfig.php');
03:     $s_link = mysqli_connect(DB_SERVER, DB_USER, DB_PASS, DB_NAME);
04:     if ($s_link == null) {
05:         die("接続に失敗しました：" . mysqli_connect_error());
06:     }
07:     mysqli_set_charset($s_link, "utf8");
```

こうすれば，もしパスワードを変えなければならない状況でも「dbConfig.php」のみを修正すればよくなる。

実習 08　すべてのページのデータベース設定を共有化する

「roomList.php」「roomDetail.php」の 2 画面のデータベース設定箇所 (mysqli_connect) の前で「dbConfig.php」を読み込むように修正しなさい。

■ 実行例

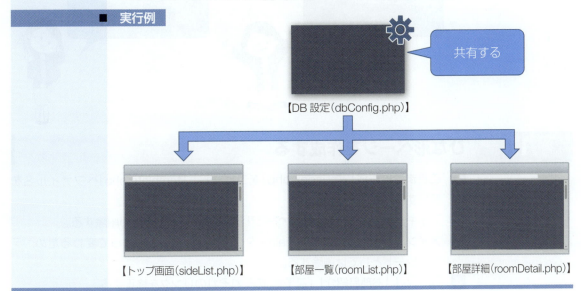

6章 オンライン予約システムの実装〜予約機能〜

30H Academic ▷ PHP入門

ここまで，3章，4章で作成したWebページ，データベースをもとにオンライン予約システムの基本をPHPで作成してきた。この章では，Webページとして作成していない予約機能の実装を行う。

1 空室確認を行う

例題 34 予約する前段階として，予約をしたい日付を入力する画面を作成し，予約が可能な部屋一覧を表示するページを作成しよう。

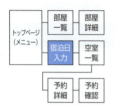

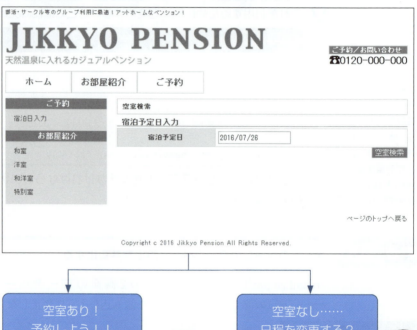

1 ひな形ページを作成する

1. これまでに作成した「index.php」をコピーし，「template.php」へファイル名を変更する。
2. アイキャッチの部分はトップページ以外には不要であるため削除する。
3. メインコンテンツである <main> タグの中身はページによって変わるため，テンプレートとしては削除する。
4. 「ホーム」「お部屋紹介」「ご予約」のそれぞれのリンクを修正する。

結果, 以下のようなテンプレートのスクリプトが作成される。35行目には「各ページスクリプト挿入場所」とコメントを入れておく。

```
template.php
          //  head 部省略
08: <body>
09:    <!-- ヘッダー：開始 -->
10:    <header id="header">
11:      <div id="pr">
12:        <p> 部活・サークル等のグループ利用に最適！アットホームなペンション！</p>
13:      </div>
14:      <h1><a href="./index.php"><img src="./images/logo.png"
    alt=""></a></h1>
15:      <div id="contact">
16:        <h2> ご予約／お問い合わせ </h2>
17:        <span class="tel">☎ 0120-000-000</span>
18:      </div>
19:    </header>
20:    <!-- ヘッダー：終了 -->
21:    <!-- メニュー：開始 -->
22:    <nav id="menu">
23:      <ul>
24:        <li><a href="./index.php"> ホーム </a></li>
25:        <li><a href="./roomList.php"> お部屋紹介 </a></li>
26:        <li><a href="./reserveDay.php"> ご予約 </a></li>
27:      </ul>
28:    </nav>
29:    <!-- メニュー：終了 -->
30:    <!-- コンテンツ：開始 -->
31:    <div id="contents">
32:      <!-- メイン：開始 -->
33:      <main id="main">
34:        <article>
35: <!-- 各ページスクリプト挿入場所  -->
36:        </article>
37:      </main>
38:      <!-- メイン：終了 -->
39:      <!-- サイド：開始 -->
40:      <aside id="side">
41:        <section>
42:          <h2> ご予約 </h2>
43:          <ul>
44:            <li><a href="./reserveDay.php"> 宿泊日入力 </a></li>
45:          </ul>
46:        </section>
47:        <section>
48:          <h2> お部屋紹介 </h2>
49: <?php include("./sideList.php"); ?>
50:        </section>
51:      </aside>
52:      <!-- サイド：終了 -->
53:      <!-- ページトップ：開始 -->
54:      <div id="pageTop">
55:        <a href="#top"> ページのトップへ戻る </a>
56:      </div>
57:      <!-- ページトップ：終了 -->
58:    </div>
59:    <!-- コンテンツ：終了 -->
60:    <!-- フッター：開始 -->
61:    <footer id="footer">
62:      Copyright c 2016 Jikkyo Pension All Rights Reserved.
63:    </footer>
64:    <!-- フッター：終了 -->
65: </body>
66: </html>
```

2 ひな形ページから宿泊希望日を入力するページを作成する

1 先ほどの「template.php」をコピーし，「reserveDay.php」とする。
2 「各ページスクリプト挿入場所」に以下のコードを追加する。

```
reserveDay.php
32:     <!-- メイン：開始 -->
33:     <main id="main">
34:       <article>
35: <!-- 各ページスクリプト挿入場所 -->
36:         <section>
37:           <h2> 空室検索 </h2>
38:           <h3> 宿泊予定日入力 </h3>
39:           <form method="post" action="reserveRoomList.php">
40:             <table>
41:               <tr>
42:                 <th> 宿泊予定日 </th>
43:                 <td><input type="date" name="reserveDay" value="(本日の日付)" min="(本日の日付) " required></td>
44:               </tr>
45:             </table>
46:             <input class="submit_a" type="submit" value=" 空室検索 ">
47:           </form>
48:         </section>
49:       </article>
50:     </main>
51:     <!-- メイン：終了 -->
```

<input> タグのプロパティには以下を指定する。

プロパティ名	値	意味
type	date	日付の入力
name	reserveDay	次画面へデータを受け渡す変数名
value	(本日の日付)	初期表示の日付
min	(本日の日付)	選択できる最小日付
required		必須項目

3 このページをブラウザーで表示し，日付入力欄にフォーカスをあてると，カレンダー表示される（以下は Google Chrome の例である。ブラウザーによって表示は変わる）。

また，何も指定しないで「空室検索」のボタンを押すと「このフィールドを入力してください」と表示される。このように <input> タグに required プロパティを設定することで，未入力チェックが自動的に行われる。

4 アクセスされた日付を初期表示とするために，<input> タグの value プロパティと min プロパティをセットする。PHP スクリプトを利用し，「reserveDay.php」の <input> タグを以下のように修正する。

```
reserveDay.php
42:     <th> 宿泊予定日 </th>
43:     <td><input type="date" name="reserveDay"
44:            value="<?php echo date('Y-m-d'); ?>"
45:            min="<?php echo date('Y-m-d'); ?>" required></td>
```

> date()：
> 現在の日付・時刻を文字列にする関数。引数にはどのような形式で出力するのかフォーマットを指定する。

このように部分的に PHP スクリプトを埋め込むこともできる。ここでは date() 関数を利用し，初期表示日付と最小日付の指定をしている。

date() 関数は引数で指定したフォーマットで現在日時を取得する関数である。ここで指定しているフォーマットの意味はそれぞれ Y(年を4桁で出力)，m(月を2桁で出力)，d(日を2桁で出力)となっており，「Y-m-d」で，本日が 2017 年の 1 月 1 日の場合，「2017-01-01」といった出力になる。

5 「index.php」「roomList.php」「roomDetail.php」に「reserveDay.php」へのリンクを記述する。

それぞれのページから予約ページへ遷移できるようにリンクを記述する（以下は，「index.php」の例である）。

```
73:        <h2> ご予約 </h2>
74:        <ul>
75:          <li><a href="./reserveDay.php">宿泊日入力</a></li>
76:        </ul>
```

6 動作確認をする。

「reserveDay.php」を再表示させ，予定日欄に本日の日付が入っていることを確認する。また，過去の日付が選択できないことも確認する。

2　空室の部屋情報を表示する

例題 35　入力をした日付の空室検索をする画面を完成させよう。

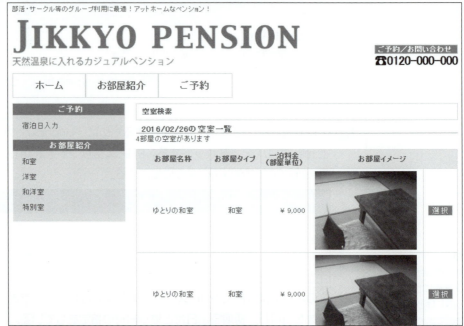

1　空室の検索を行うSQLを考える

このページでは入力された日付から空室を検索する。もし空きがあれば空室の部屋一覧を表示し，空きがなければ「空室はありません」という表示をしなければならない。この判断をどのようにすればよいかを考える。

予約情報は「reserve」テーブルに，また部屋情報は「room」テーブルに格納されている。

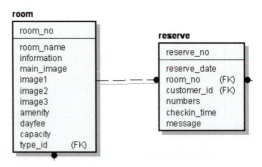

まずは「reserve」テーブルから指定された日付に予約されている部屋番号を取得するSQLを考える。このときに注意すべきなのは日付型の取扱いである。

●日付型の取り扱い

「reserve」テーブルの予約日付（`reserve_date`）はMySQLのdatetime型で用意している。datetime型は日付情報以外に時間情報も持っており，次の形式で記録されている。

> 2016年6月6日3時30分2秒　→「2016-06-06 03:30:02」

日付と時間情報の間は半角スペースで区切られている。今回はこの中で日付情報だけを見ればよいため，SQL の date() 関数を利用する。date() 関数は指定された列情報の日付のみを抜き出すものである。例えば，2016 年 6 月 6 日に予約されている部屋番号を取得する SQL は次のようになる。

```
SELECT room_no FROM reserve WHERE date(reserve_date) = '2016-06-06'
```

ここで取得できた部屋番号を使って「room」テーブルからその部屋番号以外の部屋情報を取得すればよいことになる。そのため，副問合せを利用した SQL を考える(p.86 参照)。

```
SELECT * FROM room
  WHERE room_no NOT IN (
    SELECT room_no FROM reserve
      WHERE date(reserve_date) = 検索日付 )
```

この番号以外の部屋番号を取得するために副問合せである「NOT IN」を使って主問合せを作成する(「IN」は複数の候補を比較するときに利用する)。これを，サンプルコードを使って試したい。

1 新規 PHP ファイルを「Sample6_01.php」で作成し，次のドキュメントを記述する。

> **入力上の注意**：SQLの入力に注意する。「" SELECT」のように，各行の SQLの先頭には半角スペースを入れる。
> 文字列結合時に「reserveWHERE」といったようにSQL が意図しない形に結合するのを防ぐためである。

> **Sample6_01.php**

```php
01: <?php
02:   $reserveDt = "2016-04-20"; // 空室確認をしたい日付
03:   $sql = " SELECT * FROM room WHERE room_no NOT IN
04:     (SELECT room_no FROM reserve
05:     WHERE date(reserve_date) = '{$reserveDt}')";
06:   echo $sql . "<br>";
07:   require_once('./dbConfig.php');
08:   $link = mysqli_connect(DB_SERVER, DB_USER, DB_PASS, DB_NAME);
09:   if ($link == null) {
10:     die("接続に失敗しました:" . mysqli_connect_error());
11:   }
12:   mysqli_set_charset($link, "utf8");
13:   $result = mysqli_query($link, $sql);
14:   if (mysqli_num_rows($result) == 0) {
15:     echo " 空室はありません ";
16:   } else {
17:     echo " 空室があります :". mysqli_num_rows($result)." 件 ";
18:   }
19:   mysqli_free_result($result);
20:   mysqli_close($link);
21: ?>
```

【実行結果】
```
SELECT * FROM room WHERE room_no NOT IN (SELECT room_no FROM reserve
WHERE date(reserve_date) = '2016-04-20')
空室があります :10 件
```

> 「2016-04-20」：予約 1 件あり
> 「2016-04-21」：予約なし

2 「$reserveDt」へ代入している日付を「2016-04-21」へ値を変更すると，件数が 1 件増えるはずである。件数の変化を確認する。

2 前画面からの値を受け取る

1. 「template.php」をコピーし，「reserveRoomList.php」とする。
2. 「// 各ページスクリプト挿入場所」に「Sample6_01.php」のコードを追加する。
3. 前画面からのデータを受け取るように「$reserveDt」のセット部分を修正する。また，「Sample6_01.php」の6行目のSQLの出力(echo)を削除する。

```
reserveRoomList.php
36: <?php
37:   $reserveDt = $_POST['reserveDay']; // 予約したい日付
38:   $sql = " SELECT * FROM room WHERE room_no NOT IN
39:     (SELECT room_no FROM reserve
40:     WHERE date(reserve_date) = '{$reserveDt}')";
41:   echo $sql . <br>;   ←削除
```

4. さまざまな日付を「reserveDay.php」で指定し，空室確認をする。
   このペンションは11部屋あるため，予約が入っていない日付は「空室があります：11件」と表示される。本日の日付を指定して表示結果を確認する。

3 空室となっている部屋情報を表示する

「reserveRoomList.php」では空室となっている部屋情報を表示する。やるべきことは5章で書いたコードとほぼ同じである。

考える点は実行するSQLである。5章4節(p.128)で最終的に作成したSQLは以下のとおりである。

```
SELECT room_name, type_name, dayfee, main_image, room_no
  FROM room, room_type
  WHERE room.type_id = room_type.type_id
```

これに空室確認をするSQLを結合させる。取得したいデータは上記SQLに含まれており，今回作成したSQLの抽出条件を結合する。

```
SELECT room_name, type_name, dayfee, main_image, room_no
  FROM room, room_type
  WHERE room.type_id = room_type.type_id
    AND room.room_no NOT IN (
    SELECT room_no FROM reserve
    WHERE date(reserve_date) = '2016-04-29')
```

1 この SQL を次のように「reserveRoomList.php」へ組み込む。

reserveRoomList.php

```
33:    <main id="main">
34:     <article>
35:    <!--  各ページスクリプト挿入場所  -->
36:       <section>
37:          <h2> 空室検索 </h2>
38:          <h3>（＊＊検索日付＊＊）の空室一覧 </h3>
39:          <p>（＊＊空室数＊＊）部屋の空室があります </p>
40:          <table>
41:            <th> お部屋名称 </th>
42:            <th> お部屋タイプ </th>
43:            <th> 一泊料金 <br>（部屋単位）</th>
44:            <th colspan="2"> お部屋イメージ </th>
45: <?php
46:   $reserveDt = $_POST['reserveDay']; // 予約したい日付
47:   $sql = " SELECT room_name,type_name,dayfee,main_image,room_no
48:   FROM room, room_type
49:   WHERE room.type_id = room_type.type_id
50:   AND room.room_no NOT IN (SELECT room_no FROM reserve
51:   WHERE date(reserve_date) = '{$reserveDt}')";
52:
53:   $result = mysqli_query($link, $sql);
54:   while ($row = mysqli_fetch_array($result, MYSQLI_ASSOC)) {
55:     echo "<tr>";
56:     echo "<td>{$row['room_name']}</td>";
57:     echo "<td>{$row['type_name']}</td>";
58:     $dayfee = number_format($row['dayfee']);
59:     echo "<td class='number'>&yen; {$dayfee}</td>";
60:     echo "<td><img class='small' src='./images/
   {$row['main_image']}'></td>";
61:     echo "<td><a href='./reserveDetail.php?rno={$row['room_no']}'>
   選択 </a></td>";
62:     echo "</tr>";
63:   }
64: ?>
65:          </table>
66:        </section>
67:     </article>
68:   </main>
```

6
章

オンライン予約システムの実装 〜予約機能〜

30H Academic | **145**

2 ページ先頭と末尾へデータベースへの接続と切断の処理を移動する。次のように接続と切断の処理を組み込む。

reserveRoomList.php（先頭部分：データベース接続の前処理）

```php
01: <?php
02:   require_once('./dbConfig.php');
03:   $link = mysqli_connect(DB_SERVER, DB_USER, DB_PASS, DB_NAME);
04:   if ($link == null) {
05:     die("接続に失敗しました：" . mysqli_connect_error());
06:   }
07:   mysqli_set_charset($link, "utf8");
08: ?>
09: <!DOCTYPE html>
10: <html lang="ja">
11: <head>
```

reserveRoomList.php（末尾部分：データベース接続の後処理）

```php
 99:     <!-- フッター：開始 -->
100:     <footer id="footer">
101:       Copyright c 2016 Jikkyo Pension All Rights Reserved.
102:     </footer>
103:     <!-- フッター：終了 -->
104: <?php
105:   mysqli_free_result($result);
106:   mysqli_close($link);
107: ?>
108: </body>
109: </html>
```

今回は提示したが，以後この記述を参考に，データベース接続しているページでは接続・切断の処理を各自で組み込んでほしい。

実習 09　「空室検索」ページに日付を表示する

空室検索ページに，何日の空室検索結果なのかを表すために日付を表示させなさい。

■ **完成例**

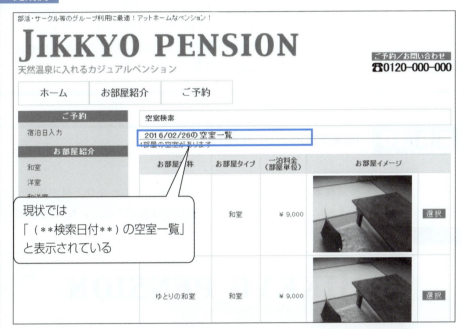

現状では
「（**検索日付**）の空室一覧」
と表示されている

① 前画面から受け取っている検索日付の取得するタイミングを変更する。
今のままだと，検索日付の表示をしなければならない場所より下で検索日付（$reserveDt）を取得している。そのため表示箇所より上に移動する。

```
reserveRoomList.php
41:    <main id="main">
42:      <article>
43: <!--  各ページスクリプト挿入場所    -->
44:        <section>
45:          <h2> 空室検索 </h2>
46:          <h3>（**検索日付**）の空室一覧 </h3>
47:          <p>（**空室数**）部屋の空室があります </p>
48:          <table>
49:            <th> お部屋名称 </th>
50:            <th> お部屋タイプ </th>
51:            <th> 一泊料金 <br>（部屋単位）</th>
52:            <th colspan="2"> お部屋イメージ </th>
53: <?php
54:    $reserveDt = $_POST['reserveDay'];  // 予約したい日付
55:    $sql = "SELECT room_name,type_name,dayfee,main_image,room_no
56:      FROM room, room_type
57:      WHERE room.type_id = room_type.type_id
58:      AND room.room_no NOT IN (SELECT room_no FROM reserve
59:      WHERE date(reserve_date) = '{$reserveDt}')";
60:
61:    $result = mysqli_query($link, $sql);
```

② 「<h3>（＊＊検索日付＊＊）の空室一覧</h3>」の「（＊＊検索日付＊＊）」の部分を
　　PHPスクリプトに変更する

●ヒント：strtotime()関数を利用すると，前画面から渡された文字列をもとに日付型
　　　　のデータを作成することができる。
　　　　`date('Y年 ', strtotime($reserveDt))`
　　　　を「echo」で表示すると，「2016年」と表示形式をカスタマイズして現在年
　　　　のみを表示することができる。

実習 10　「空室検索」ページに検索件数を表示する

空室検索ページには，何件の空室があったのかをひと目で理解できるように，空室の
数を表示するとわかりやすい。現状では表示されていないため，ここを表示させなさい。

■ 完成例

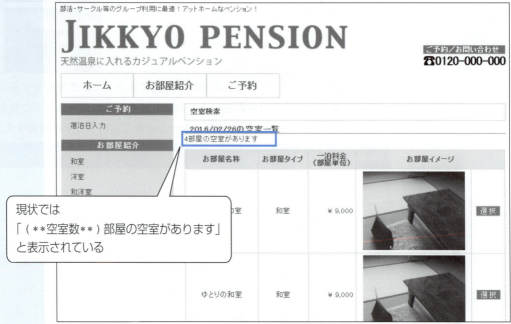

現状では
「（＊＊空室数＊＊）部屋の空室があります」
と表示されている

① データベースからデータを取得するタイミングを変更する。
　　今のままだと，空室件数の表示しなければならない場所以降でデータベースへの
　　アクセスをしている。そのため，「<!-- 各ページスクリプト挿入場所 -->」
　　の直後に移動する。

```
reserveRoomList.php
41:     <main id="main">
42:         <article>
43:　　<!--　各ページスクリプト挿入場所　-->
44:             <section>
45:                 <h2> 空室検索 </h2>
46:                 <h3>（**検索日付**）の空室一覧 </h3>
47:                 <p>（**空室数**）部屋の空室があります </p>
48:                 <table>
49:                     <th> お部屋名称 </th>
50:                     <th> お部屋タイプ </th>
51:                     <th> 一泊料金 <br>（部屋単位）</th>
52:                     <th colspan="2"> お部屋イメージ </th>
53: <?php
54:     $reserveDt = $_POST['reserveDay'];  // 予約したい日付
55:     $sql = "SELECT room_name,type_name,dayfee,main_image,room_no
56:       FROM room, room_type
57:       WHERE room.type_id = room_type.type_id
58:       AND room.room_no NOT IN (SELECT room_no FROM reserve
59:       WHERE date(reserve_date) = '{$reserveDt}')";
60:
61:     $result = mysqli_query($link, $sql);
```

② 「<p>（**空室数**）部屋の空室があります </p>」の「（**空室数**）」の部分を PHP スクリプトに変更する

●ヒント：「`mysqli_num_rows($result)`」を利用すると，データの件数を取得することができる。

実習 11　「空室検索」ページに空室がない場合の処理を加える

もし指定された日付に空室がなかった場合，その旨を表示しなければならない。その処理を加えなさい。

■ 完成例

> 空室件数は実習10を参考のこと。

① 指定された日付で検索した結果が，件数0件の場合，「申し訳ありません。指定の日付は満室です。」と表示する。
② 前の画面に戻るリンクを表示する。

3 予約詳細入力画面を作成する

例題 36 「宿泊日入力」で指定した日付の表示を含めた予約詳細入力画面を作成しよう。

この例題の実装のために学ぶべき技術・知識

・セッションの動きとデータの保存

1 複数スクリプト間でデータを共有する

宿泊日入力画面にて、ユーザーが希望する宿泊日を指定している。その日付を使って空室検索を行い、その後、宿泊者情報を登録する予約詳細画面、予約確認画面へと画面を遷移させていくが、当初指定した「宿泊希望日」はすべての画面で利用しなければならない。しかし、これが少し難題となる。

これまで複数画面間のデータのやり取りは<a>タグのリンクをクリックするか、<form>タグ内の「`type="submit"`」の送信ボタンをクリックしたときに送信されるという例を実践してきた。しかし、次図でこのスクリプト間の処理の流れを見てほしい。

> グローバル変数とは，スクリプト全体を通してどこでも利用することができる変数のこと。

「reserveDay.php」で入力した日付は，「reserveRoomList.php」では「$_POST」のグローバル変数を使って取得できるが，「reserveDetail.php」では取得できない。そもそも <a> タグやフォームでの値の送信は複数画面を間に挟んだデータのやり取りができない。そこでセッションという機能を使うことになる。

2 セッションとは

セッションとは Web サイトにアクセスしているユーザーが，複数ページにまたがるアクセスをした際に，同じユーザーであることを判断する仕組みである。どのユーザーがアクセスしてきているのか，あるいはこれまでにどのような情報のやり取りがあったのかといったことを保持することができる。このようなサーバーとクライアント間の情報を管理・保持することを**セッション管理**という。

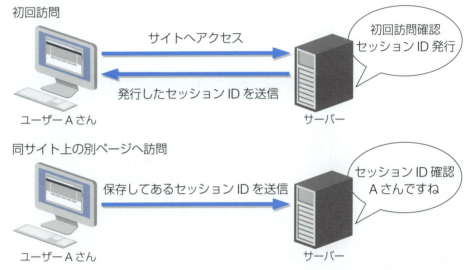

サーバーはリクエストがあったクライアントに対してセッション ID を送信し，それをクライアント側に保存させる。サーバーはセッション ID とクライアントとのやり取りの情報を保存する。クライアントが保持しているセッション ID により，それまでにやり取りした情報や記録を保持したものを別ページでも引き継ぐことができる。サーバー内にはアクセスされたクライアントのセッションデータを保存しておくことで，そのクライアントの持つセッション ID に関連付いたデータを参照できる。

●セッションデータを参照

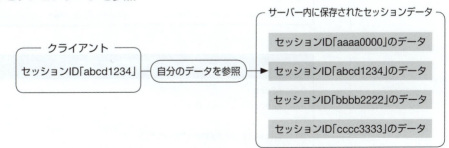

このデータには有効期限が設定されており，PHP サーバー側の設定でコントロールできる。デフォルトではブラウザーが閉じるまで有効となっている。

3 セッションの動きを理解する

サンプルコードを見ながらセッションの基本概念を理解していく。

1 新規 PHP ファイルを「Sample6_02.php」「Sample6_03.php」「Sample6_04.php」「Sample6_05.php」で作成し，次のドキュメントを記述する。

Sample6_02.php（セッション確認用メニュー）

```
01: <html>
02: <head><title>Sample6_02</title></head>
03: <body>
04: <p> セッション動作確認用メニュー </p>
05: <a href="./Sample6_03.php"> セッションの値を確認する </a><br>
06: <a href="./Sample6_04.php"> セッションに値をセットする </a><br>
07: <a href="./Sample6_05.php"> セッションの値を破棄する </a><br>
08: </body>
09: </html>
```

Sample6_03.php（セッションの値を確認する）

```
01: <?php
02: session_start();
03:
04: if (isset($_SESSION["test"])) {
05:   echo '$_SESSION["test"] の値は ' .$_SESSION["test"];
06: } else {
07:   echo " セッションに値はセットされていません ";
08: }
09: ?>
10: <br><a href="./Sample6_02.php"> 戻る </a>
```

> **isset()**：
> 引数に指定した変数に値がセットされているか確認する関数。値がセットされている場合に TRUE が返り，セットされていない場合に FALSE が返る。

Sample6_04.php（セッションに値をセットする）

```
01: <?php
02: session_start();
03:
04: $_SESSION["test"] = "jikkyo";
05: echo 'session["test"] に ' . $_SESSION["test"] . ' をセットした ';
06: ?>
07: <br><a href="./Sample6_02.php"> 戻る </a>
```

Sample6_05.php（セッションの値を破棄する）

```
01: <?php
02: session_start();
03:
04: unset($_SESSION["test"]);
05: echo 'session["test"] の値を破棄した ';
06: ?>
07: <br><a href="./Sample6_02.php"> 戻る </a>
```

それぞれ役割ごとの PHP ファイルを用意した。
・Sample6_02.php（動作コントロール用メインメニュー）
・Sample6_03.php（セッションの値を確認する）
・Sample6_04.php（セッションに値をセットする）
・Sample6_05.php（セッションの値を破棄する）

2 確認操作は「Sample6_02.php」から行う。手順は次のとおりである。
まず，❶「セッションの値を確認する」をクリックする。すると，❷「セッションに値はセットされていません」と表示される。

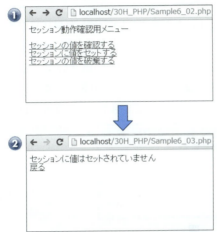

次に，「Sample6_02.php」から❸「セッションに値をセットする」をクリックして「戻る」をクリックしてから，❹「セッションの値を確認する」をクリックする。すると❺「$_SESSION["test"] の値は jikkyo」と表示される。

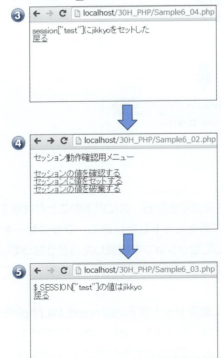

❷では表示されなかったセッションの値が表示される。

つまり，次図のようになっている。

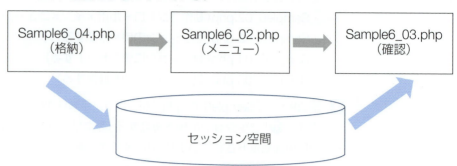

このように，メニュー画面をまたいでデータが共有できたことを意味している。次に，「Sample6_02.php」のメニューから❻「セッションの値を破棄する」をクリックして，「session["test"]の値を破棄した」と表示された後，「戻る」をクリックしてから❼「セッションの値を確認する」をクリックする。すると❽「セッションに値はセットされていません」と表示される。

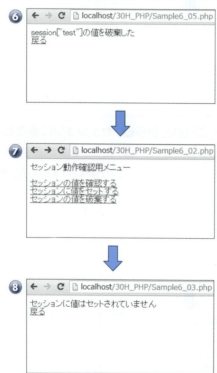

3 ここまでの動きを確認できたら，次に以下のことを確認する。
1) セッションに値をセットした状態で，ブラウザーを一度閉じ，再度ブラウザーを起動してセッションを確認したらどうなっているか。
2) セッションにセットする文字列を自分の名前にしてみる。どこをどう変えたらよいか。
3) セッションに値をセットする(Sample6_04.php)の値をセットしている箇所「$_SESSION["test"]」を「$_SESSION["jikkyo"]」に変えてみる。先ほどと同じように動作させるためには，ほかにどこを変更したらよいか。
4) セッションに値をセットした状態でそのブラウザーは閉じないで，スター

トメニューから新たにブラウザーを起動し，セッションの中身を確認したらどのように表示されるか。
5) タブブラウザーを使っている場合は，あるタブでセッションに値をセットした状態にし，ほかのタブを開いてセッションの中身を確認したらどのように表示されるか。

補足 セッションの値を確認する便利な関数

セッションという仕組みはとても便利なものである。しかし，便利であるがゆえにさまざまな情報をセッションに格納していると，ある時点でどんなデータがセッションの中に入っているかがわからなくなる。セッションの中に何が格納されているのかを確認するのに便利な関数が var_dump() 関数である。「Sample6_02.php」の先頭に以下の記述を追加してほしい。

Sample6_02.php（セッション確認用メニュー）

```
01: <?php
02: session_start();
03: var_dump($_SESSION);
04: ?>
05: <html>
06: <head><title>Sample6_02</title></head>
07: <body>
08: <p> セッション動作確認用メニュー </p>
09: <a href="./Sample6_04.php"> セッションの値を確認する </a><br>
10: <a href="./Sample6_05.php"> セッションに値をセットする </a><br>
11: <a href="./Sample6_06.php"> セッションの値を破棄する </a><br>
12: </body>
13: </html>
```

【実行結果】

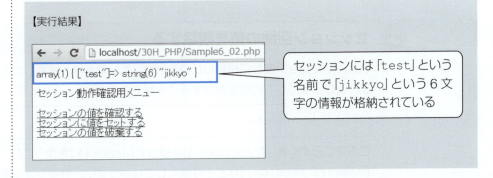

セッションには「test」という名前で「jikkyo」という6文字の情報が格納されている

この関数は，セッションだけでなく，配列や変数の中身を確認するときに便利である。開発を続けているときに，変数の中身を確認したいときにはぜひ活用してほしい。

4 セッションの実装

PHPでセッションを利用するための手順について整理する。

1 セッションを使うすべてのページの先頭

セッションの動きを確認するために作成した「Sample6_02.php」「Sample6_03.php」「Sample6_04.php」「Sample6_05.php」の4つのファイルを見ていると、それぞれ先頭に「session_start()」の記述があることに気付く。これは「このページでセッション情報を使う」という意味の関数である。

この「session_start()」はセッションを使用するすべてのページの先頭に記述する。この命令以前にecho命令や、HTMLコード(改行のみも含む)があるとエラーが発生する場合がある。

2 セッション空間へデータをセットする

セッション空間へアクセスするためのグローバル変数が「$_SESSION」である。「session_start()」の記述があるページでは、「$_SESSION」の変数を利用する事ができる。「$_SESSION」はキーとなる値を使って変数内の要素を区別する。つまり、次のようにしてセッション内に値を格納する。

```
$_SESSION[ キー値 ] = 格納内容
```

サンプルでは「test」という名前を付けて格納している。

```
$_SESSION["test"] = "jikkyo";
```

3 セッション空間の値を削除する

また、セッション変数に格納した値を削除したい場合は、格納したときのキー値を使い、次のようにして内容を削除することができる。

```
unset($_SESSION[ キー値 ])
```

この際に必ず格納したときのキー値を使って「unset()」を使うこと。キー値を使わず、「unset($_SESSION)」などとは絶対してはいけない。セッション変数を格納する連想配列自体が消えてしまうことになり、セッション変数を登録できなくなってしまう。

4 セッション空間にキー値の値が存在するかどうか判断する

セッションの中身があるかどうかを判定するときには次のようにして判断を行う。

```
if (isset($_SESSION[ キー値 ])) {
```

5 宿泊日をセッションに格納する

予約サイトの次の処理の流れの宿泊日の受け渡しにセッションを活用する。

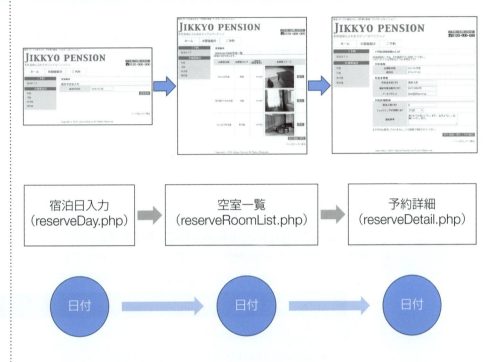

まず，「reserveRoomList.php」である。「reserveDay.php」で入力された値をセッションに格納する。まず，セッションを使うための宣言をしなければならない。

T 「reserveRoomList.php」の先頭にセッションを利用する宣言を追加する。

reserveRoomList.php（先頭部分：データベース接続の前処理）

```
01: <?php
02:     session_start();
03:     require_once('./dbConfig.php');
04:     $link = mysqli_connect(DB_SERVER, DB_USER, DB_PASS, DB_NAME);
05:     if ($link == null) {
06:         die("接続に失敗しました：" . mysqli_connect_error());
07:     }
08:     mysqli_set_charset($link, "utf8");
09: ?>
10: <!DOCTYPE html>
11: <html lang="ja">
12: <head>
13:     <meta charset="UTF-8">
```

2 スクリプトで利用するために日付を取得している箇所で，同じ値をセッションにも格納するように追記する。

> **注** ソースコードの行番号に色がついている行は，実習の進捗によって行番号が変わります。

```php
reserveRoomList.php

54: <?php
55:   $reserveDt = $_POST['reserveDay']; // 予約したい日付
56:   $_SESSION['reserve']['day'] = $reserveDt;
57:   $sql = "SELECT room_name, type_name, dayfee, main_image
58:     FROM room, room_type
59:     WHERE room.type_id = room_type.type_id
60:     AND room.room_no NOT IN (SELECT room_no FROM reserve
61:     WHERE date(reserve_date) = '{$reserveDt }')";
62:
63:   $result=mysqli_query($link, $sql);
```

今回はセッションに連想配列「reserve」を用意し，さらにその中に「day」という領域を用意して，そこに予約したい日付を格納しておくことにする。こうすれば予約詳細画面でもこの日付の値を取得することができる。

また，このセッションの値は予約開始時には初期化しておかなければならない。

3 「reserveDay.php」の先頭に破棄するコードを追記する。

```php
reserveDay.php

01: <?php
02: session_start();
03: if (isset($_SESSION['reserve'])) {
04:   unset($_SESSION['reserve']);
05: }
06: ?>
07: <!DOCTYPE html>
08: <html lang="ja">
09: <head>
10:   <meta charset="UTF-8">
11:   <link rel="stylesheet" href="./css/style.css" type="text/css">
12:
```

4 動作確認をする。

宿泊日入力画面で指定した日付が空室一覧画面で表示されていることを確認する。

6 詳細情報入力画面を作成する

1 「template.php」をコピーし，「reserveDetail.php」とする。

2 「<!-- 各ページスクリプト挿入場所 -->」に次のコードを記述する。まだスクリプトにはしていない Web ページの状態ができる。

```
reserveDetail.php（予約情報表示部分）

35:    <!-- 各ページスクリプト挿入場所 -->
36:    <section>
37:      <h2> ご予約（詳細情報の入力）</h2>
38:      <p> 詳細情報を入力後、予約確認ボタンを押してください。<br>
39:      （※ がついている項目は入力必須項目です）</p>
40:      <h3> 予約情報 </h3>
41:      <table class="input">
42:        <tr><th> お部屋名称 </th><td>( 選択された部屋名称 )</td></tr>
43:        <tr><th> 宿泊日 </th><td>( 入力された宿泊日 )</td></tr>
44:      </table><br>
45:      <h3> 代表者情報 </h3>
46:      <form method="post" action="reserveCheck.php">
47:        <table class="input">
48:          <tr>
49:            <th> 代表者氏名（※）</th>
50:            <td><input type="text" name="dname" value=""></td></tr>
51:          <tr>
52:            <th> 連絡先電話番号（※）</th>
53:            <td><input type="text" name="dtelno" value=""></td></tr>
54:          <tr>
55:            <th> メールアドレス </th>
56:            <td><input type="text" name="dmail" value=""></td></tr>
57:        </table><br>
58:      <h3> 予約詳細情報 </h3>
59:        <table class="input">
60:          <tr>
61:            <th> 宿泊人数（※）</th>
62:          <td><input type="text" name="reserveNumber" value=""></td>
63:          </tr>
64:          <tr>
65:            <th> チェックイン予定時間（※）</th>
66:            <td><select name="checkin">
67:            <option value=""> 時間を選択 </option>
68:            <option value="15:00">15:00</option>
69:            <option value="16:00">16:00</option>
70:            <option value="17:00">17:00</option>
71:            <option value="18:00">18:00</option>
72:            <option value="19:00">19:00</option>
73:            </select></td>
74:          </tr>
75:          <tr>
76:            <th> 連絡事項 </th><td><textarea name="message" cols="40"
      rows="4"></textarea></td>
77:          </tr>
78:        </table><br>
79:      <p> まだ予約は確定しておりません。次の画面で確定させてください。</p>
80:      <input class="submit_a" type="submit" value=" 予約確認 ">
81:      <input class="submit_a" type="button" value=" 前の画面に戻る "
      onclick="history.back();">
82:      </form>
83:    </section>
```

3 入力し終えたら，ブラウザーで表示する。

7 画面表示項目を組み立てる

空室一覧画面(reserveRoomList.php)で指定した部屋番号を「reserveDetail.php」で
受け取る(パラメータ名は「rno」である。どこにこの指定があるのか探してほしい)。
しかし，この画面では部屋番号ではなく「選択された部屋名称」を表示しなければなら
ない。そこで，この画面でもデータベースに接続する必要がある。

1 「reserveDetail.php」の先頭と末尾で以下の処理を行う。

reserveDetail.php（先頭部分）

```
01: <?php
02:   session_start();
03:   require_once('./dbConfig.php');
04:   $link = mysqli_connect(DB_SERVER, DB_USER, DB_PASS, DB_NAME);
05:   if ($link == null) {
06:     die("接続に失敗しました:" . mysqli_connect_error());
07:   }
08:   mysqli_set_charset($link, "utf8");
09:   $roomNo = $_GET['rno'];
10:   $reserveDay = $_SESSION['reserve']['day'];
11: ?>
12: <!DOCTYPE html>
13: <html lang="ja">
14: <head>
15:   <meta charset="UTF-8">
```

2 上記先頭部分のコードでは，以下の4つの処理を行っている。それぞれ何行目の
ことか調べてみよう。

　・このページでセッションを利用する宣言　　　（　　　　　行目）

　・データベースへの接続　　　　　　　　　　　（　　　　　行目）

　・前画面からのパラメータ受け取り　　　　　　（　　　　　行目）

　・セッションから宿泊希望日データ取得　　　　（　　　　　行目）

3 「reserveDetail.php」の末尾で次の処理を行う。

reserveDetail.php（末尾部分）

```
119:   <!-- フッター：開始 -->
120:   <footer id="footer">
121:     Copyright c 2016 Jikkyo Pension All Rights Reserved.
122:   </footer>
123:   <!-- フッター：終了 -->
124: <?php
125:   mysqli_free_result($result);
126:   mysqli_close($link);
127: ?>
128: </body>
129: </html>
```

4 部屋名称を取得するSQLを考える。画面には部屋名称と予約日を表示している。
予約日は「$_SESSION['reserve']['day']」に格納されているため，それを
表示すればよい。部屋名称はSQLを使ってデータベースから取ってくる。どん
なSQLを組み立てればよいだろうか。

```
SELECT room_name  FROM room  WHERE  room_no = {$roomNo}
```

上記の SQL は自分で考えられるようになっているだろうか。

さて，この SQL を実行して部屋名称を取得してみる。また，それに合わせて，部屋番号はこの後も継続して利用するため，セッションに格納したい。

5　SQL でデータを取得する次のコードを入力する。

reserveDetail.php（先頭部分）
```php
01: <?php
02:    session_start();
03:    require_once('./dbConfig.php');
04:    $link = mysqli_connect(DB_SERVER, DB_USER, DB_PASS, DB_NAME);
05:    if ($link == null) {
06:      die("接続に失敗しました：" . mysqli_connect_error());
07:    }
08:    mysqli_set_charset($link, "utf8");
09:    $roomNo = $_GET['rno'];
10:    $sql = "SELECT room_name FROM room  WHERE  room_no = {$roomNo}";
11:    $result = mysqli_query($link, $sql);
12:    $row = mysqli_fetch_array($result, MYSQLI_ASSOC);
13:    $roomName = $row['room_name'];
14:    $_SESSION['reserve']['roomno'] = $roomNo;
15:    $reserveDay = $_SESSION['reserve']['day'];
16: ?>
17: <!DOCTYPE html>
18: <html lang="ja">
19: <head>
20:   <meta charset="UTF-8">
```

ここまでで，選択された部屋名称($roomName)と宿泊日($reserveDay)が取得できた。

6　該当箇所に表示させるために次のコードを入力する。

reserveDetail.php
```php
51:    <!-- 各ページスクリプト挿入場所 -->
52:    <section>
53:      <h2> ご予約（詳細情報の入力）</h2>
54:      <p> 詳細情報を入力後、予約確認ボタンを押してください。<br>
55:      (※ がついている項目は入力必須項目です) </p>
56:      <h3> 予約情報 </h3>
57:      <table class="input">
58:        <tr><th>お部屋名称 </th><td><?php echo $roomName; ?></td></tr>
59:        <tr><th>宿泊日 </th><td><?php echo $reserveDay; ?></td></tr>
60:      </table><br>
```

7　動作確認をする。

ここまで実装できると，部屋名称と宿泊日について，入力した宿泊日と，選択した部屋名称が表示されている。

実習 12　日付表示をフォーマットする

ここまでで作成した予約情報画面で表示される宿泊日（ハイフンを区切りとした「〇－〇－〇」という表記）を，ユーザーにわかりやすい「〇年〇月〇日」という表記に変更しなさい。

■ 実行結果（例）

> strtotime()：
> 日付を含む文字列を
> Unix タイムスタン
> プに変換する関数。

> date()関数で指
> 定するフォーマット
> 文字列（一部）：
> Y：年（4 桁の数字）
> y：年（2 桁の数字）
> m：月（2 桁の数字）
> n：月（先頭にゼロを
> 　　付けない数字）
> d：日（2 桁の数字）
> j：日（先頭にゼロを
> 　　付けない数字）

① セッションに格納している宿泊日をフォーマットできる形式に変換する。

6 章 1 節（p.141）で紹介した date() 関数は，現在日付を表示する書式を引数としていたが，今回は表示書式のほかに「表示したい日付」を第 2 引数として指定する。このとき，日付の文字列を date() 関数に渡せる形式に変換するのが strtotime() 関数である。宿泊日情報である $reserveDay を strtotime() 関数に渡すことで変換できる。

② 表示用の日付を文字列としてフォーマットする。

date() 関数で日付をフォーマットする。今回は第 1 引数に「Y 年 n 月 j 日」を渡し，第 2 引数に①の結果を渡すことで，わかりやすい表記にすることができる。

①と②を 1 行にまとめると，次のコードになる。これをセッションから $reserveDay を取得している次の行に挿入すればよい。

```
$reserveDayStr = date('Y年n月j日', strtotime($reserveDay));
```
（①：strtotime($reserveDay)　②：date('Y年n月j日', ...)）

③ 組み立てた文字列を表示させる。

「reserve Detail.php」で $reserveDay を出力していた場所を探し，フォーマットずみ文字列である $reserveDayStr を表示するように修正する。

4 画面遷移の仕組みと入力値チェックを理解する

例題 37 予約詳細情報入力画面に，さまざまなエラーチェックを含めた処理を加えて完成させよう。

この例題の実装のために学ぶべき技術・知識

・入力内容によって，画面遷移を分岐する
・さまざまなパターンで入力チェックを行う

1 入力内容によって画面遷移を分岐する

> HTML5 では簡単に入力値チェックができるように，さまざまなパラメータが用意されているが，それらは HTML5 未対応のブラウザーでは動作しない。

今作成している画面では，予約代表者の情報として「代表者氏名」「連絡先電話番号」「メールアドレス」予約詳細情報として「宿泊人数」「チェックイン予定時間」「連絡事項」の各項目を入力させるようにしている。

これらはユーザーに入力してもらう項目であるが，ユーザーはこちら側が意図した通りに入力してくれるとは限らない。宿泊人数のところにアルファベットを入力したり，

30H Academic 163

代表者氏名欄を空欄のまま予約確認ボタンを押したりといったことがあるかもしれない。このように，システムは通常ありえないと思われる操作に対しても対応を考えて構築しなければならない。ここでは，入力値チェックのロジックを用意することにする。そのため，処理の流れを以下のようにしたい。

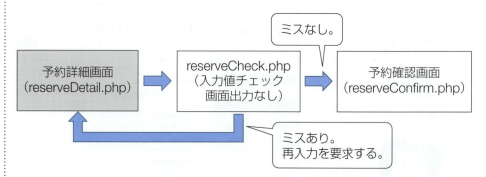

これまでは，<form> タグの submit ボタンや，<a> タグを使って次画面へ移動していた。これらはそれぞれ action プロパティや，href プロパティで指定したページへ画面遷移するものであった。上記の「reserveDetail.php」から「reserveCheck.php」へのページ遷移も <form> タグの submit ボタンである。では，「reserveCheck.php」から入力値チェックを行った後，分岐をした2種類の画面へページ遷移する場合はどのようにすればよいだろうか。

ここではページヘッダーを書き換える header( ) 関数を使って実装する。動きを把握するために次のサンプルコードで確認する。

1 新規 PHP ファイルを「Sample6_06.php」「Sample6_06r.php」「Sample6_06b.php」で作成し，次のドキュメントを記述する。

```
Sample6_06.php
```

```
01: <html>
02: <head><title>Sample6_06</title></head>
03: <body>
04:   <form method="get" action="./Sample6_07.php">
05:     <select name="roomcolor">
06:       <option value="red"> 赤い部屋 </option>
07:       <option value="blue"> 青い部屋 </option>
08:     </select>
09:     <input type="submit">
10:   </form>
11: </body>
12: </html>
```

```
Sample6_06r.php
```

```
01: <html>
02: <head><title>Sample6_06r</title></head>
03: <body style="background-color: red; color: white;">
04:   <h1> 赤い部屋 </h1>
05: </body>
06: </html>
```

```
Sample6_06b.php
01: <html>
02: <head><title>Sample6_06b</title></head>
03: <body style="background-color: blue; color: white;">
04:   <h1> 青い部屋 </h1>
05: </body>
06: </html>
```

最初にアクセスするのは「Sample6_06.php」である。そこから部屋の色を選択し，送信ボタンを押すと画面遷移する。ただし，赤が選択されたか，青が選択されたかでページを変えるため，判断を行うページを別に用意する。

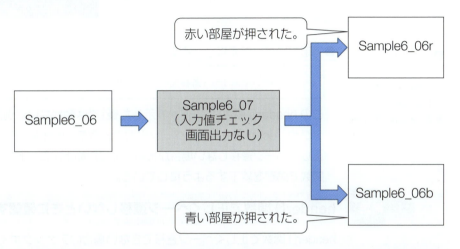

2 新規 PHP ファイルを「Sample6_07.php」で作成し，次のドキュメントを記述する。

```
Sample6_07.php
01: <?php
02:   $roomcolor = $_GET['roomcolor'];
03:   if ($roomcolor == "red") {
04:     header("location: ./Sample6_06r.php");
05:   } else {
06:     header("location: ./Sample6_06b.php");
07:   }
08:   exit();
09: ?>
```

上記「Sample6_07.php」では HTML はまったく記述されていない。表示内容がないスクリプトである。あくまでも入力値($_GET['roomcolor'])の値を見て，次画面を判断している。

> exit()：
現在のスクリプトの実行を終了する関数。header() で指定したページへ即座に遷移する動きをする。

【実行結果】

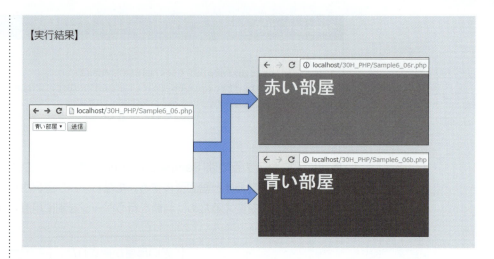

●指定先にページ遷移させる関数

```
header("location:遷移先ページ名 ");
```

> header()：
> HTTPヘッダーを送信する関数。引数にてlocationを指定することによってブラウザーをリダイレクトすることができる。

このheader()関数は，『何か表示した後』では動かない。例えば，<html>などのタグや，echo命令などのページ出力の命令を，header()関数の前後に記述すると，正しくページ遷移しない場合がある。そのため上記コードでは，8行目にて，exit()関数で処理を終了するようにしている。

補足 header()関数で正しくページ遷移しないときに確認するポイント

header()関数で正しくページ遷移できない場合のチェックポイントを以下に示す。

1) header()関数の引数をタイプミスしていないか。とくにダブルクォーテーション，シングルクォーテーションの対応などにミスをしていないか。
最も発生しやすいミスである。よく見直すこと。

2) 前後でechor()関数やprintr()関数，var_dumpr()関数など出力命令を書いていないか。
プログラム中の変数の値を確認するためにvar_dump()関数などを記述することがよくあるが，そのときにはページ遷移しない。出力命令を削除してから動きの確認をしてほしい。

3) ファイル頭の<php>タグの前に空白や改行が入っていないか。
echo命令でなくても，<php>タグ以外の部分はHTMLとして出力される。見落としがちなポイントである。

4) header()関数を呼んだ後，すぐにexit()関数で処理を終了しているか。
必ずやらなければならない訳ではないが，2)，3)の話に関連付いている。
header()関数の後にHTMLコードを書いていたり，echo命令を書いていたりしてページ遷移しなくなるのを防ぐためのポイントである。

2 入力チェックを行う

次に入力チェックを行う。今回は「未入力チェック」と「数値判定チェック」を行う。こちらもまずはサンプルを実装してから Web サイトに適用していきたい。

●未入力チェック

指定した引数に値がセットされているか否かを判定する empty() 関数を利用する。

●数値判定チェック

指定した引数が数値か否かを判定する is_numeric() 関数を利用する。

1 新規 PHP ファイルを「Sample6_08.php」「Sample6_09.php」で作成し，次のドキュメントを記述する。

```
Sample6_08.php

01: <html>
02: <head><title>Sample6_08</title></head>
03: <body>
04:   <h3> 入力チェックテスト </h3>
05:   <form method="get" action="./Sample6_09.php">
06:     <input type="text" name="test">
07:     <input type="submit">
08:   </form>
09: </body>
10: </html>
```

```
Sample6_09.php

01: <?php
02:   $test = $_GET['test'];
03:   echo " 入力値：{$test}<br>";
04:   if (empty($test) == true) {
05:     echo '$test は空です <br>';
06:   } else {
07:     echo '$test は空ではありません <br>';
08:   }
09:   if (is_numeric($test) == true) {
10:     echo '$test は数値です <br>';
11:     if ($test > 0) {
12:       echo '$test は 0 より大きいです。';
13:     } else {
14:       echo '$test は 0 以下です。';
15:     }
16:   } else {
17:     echo '$test は数値ではありません <br>';
18:   }
19: ?>
```

6章

オンライン予約システムの実装 〜予約機能〜

30H Academic **167**

2 「Sample6_08.php」を表示し，入力欄に文字や数字を入力してみる。その際の表示結果を確認してほしい。

●未入力の場合

入力欄に未入力の状態で「送信」ボタンを押すと右の表示になる。

●数字を入力した場合

入力欄に数字を入力した状態で「送信」ボタンを押すと右の画面になる。

●文字列を入力した場合

入力欄に未入力の状態で「送信」ボタンを押すと右の画面になる。

●「0」を入力した場合

注意すべきパターンとしては，「0」を入力した場合である。数値チェックは思惑どおりだが，未入力として判断される点に注意すること。

ここまで試してきたサンプルを活用し，次の節で詳細情報入力から確認画面まで作成していく。

5 予約最終確認画面までの流れを作成する

例題 38　予約詳細画面で入力した値に未入力などがないことをチェックし，予約の最終確認画面を作成しよう。完成まであと一歩である。

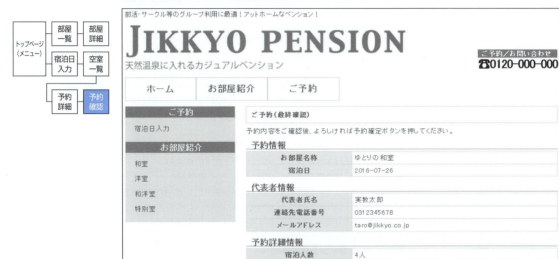

予約詳細画面からの入力チェックを実装し，予約確認画面まで作成していこう。

1　入力チェックを行う画面なしのスクリプトを作成する

これまでに示したように，詳細情報入力画面から，最終確認画面の間に入力チェックを行うスクリプトを用意する。

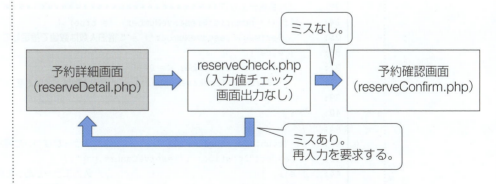

ここでの入力チェックとしては，未入力チェックと数値入力チェックを行うこととする。

1 新規 PHP ファイルを「reserveCheck.php」で作成し，次のドキュメントを記述する。

```php
reserveCheck.php

01: <?php
02:   session_start();
03:   $dname   = htmlspecialchars($_POST["dname"]);
04:   $dtelno  = htmlspecialchars($_POST["dtelno"]);
05:   $dmail   = htmlspecialchars($_POST["dmail"]);
06:   $reserveNumber = htmlspecialchars($_POST["reserveNumber"]);
07:   $checkin = htmlspecialchars($_POST["checkin"]);
08:   $message = htmlspecialchars($_POST["message"]);
09: // 入力値をセッションに格納する
10:   $_SESSION['reserve']['dname'] = $dname;
11:   $_SESSION['reserve']['dtelno'] = $dtelno;
12:   $_SESSION['reserve']['dmail'] = $dmail;
13:   $_SESSION['reserve']['reserveNumber'] = $reserveNumber;
14:   $_SESSION['reserve']['checkin'] = $checkin;
15:   $_SESSION['reserve']['message'] = $message;
16:
17: // エラーメッセージを格納する
18:   $errMsg = array();
19:
20:   // 未入力チェック*****************************
21:   if (empty($dname) == true) {
22:     $errMsg['dname'] = " 名前が未入力です ";
23:   }
24:   if (empty($dtelno) == true) {
25:     $errMsg['dtelno'] = " 電話番号が未入力です ";
26:   }
27:   if (empty($checkin) == true) {
28:     $errMsg['checkin'] = " チェックイン予定時間が未入力です ";
29:   }
30:   if (empty($reserveNumber) == true) {
31:     $errMsg['reserveNumber'] = " 宿泊人数が未入力です ";
32:   } else {
33:     // 数値チェック*****************************
34:     if (is_numeric($reserveNumber) != true) {
35:       $errMsg['reserveNumber'] = " 宿泊人数は数値で指定してください ";
36:     } else {
37:       if ($reserveNumber <= 0) {
38:         $errMsg['reserveNumber'] = "宿泊人数は1名以上を指定してください";
39:       }
40:     }
41:   }
42:   if (count($errMsg) == 0) {            // エラーがなかった場合
43:     header("location: ./reserveConfirm.php");
44:   } else {                             // 入力エラーがあった場合
45:     $_SESSION['errMsg'] = $errMsg;  // エラー内容をセッションに格納する
46:     header("location: ./reserveDetail.php?rno="
    . $_SESSION['reserve']['roomno']);
47:   }
48:   exit();
49: ?>
```

これで「reserveDetail.php」から「reserveConfirm.php」，もしくはエラーによる「reserveDetail.php」への流れは実装できた。ただ，「reserveConfirm.php」が実装できていないので，まだ動作確認はできない。

2 ひな形ページからダミーの予約確認画面を作成する

1 先ほどの「template.php」をコピーし，「reserveConfirm.php」とする。

2 「各ページスクリプト挿入場所」に次のコードを追加する。

```
reserveConfirm.php

34:     <article>
35: <!-- 各ページスクリプト挿入場所 -->
36:       <section>
37:        <form action="./reserveInsert.php" method="post">
38:        <h2> ご予約（最終確認）</h2>
39:        <p> 予約内容をご確認後、よろしければ予約確定ボタンを押してください。</p>
40:        <h3> 予約情報 </h3>
41:        <table class="input">
42:          <tr><th> お部屋名称 </th><td>（**部屋名称**）</td></tr>
43:          <tr><th> 宿泊日 </th><td>（**宿泊日**）</td></tr>
44:        </table>
45:        <br>
46:        <h3> 代表者情報 </h3>
47:        <table class="input">
48:          <tr><th> 代表者氏名 </th><td>（**代表者氏名**）</td></tr>
49:          <tr><th> 連絡先電話番号 </th><td>（**電話番号**）</td></tr>
50:          <tr><th> メールアドレス </th><td>（**メールアドレス**）</td></tr>
51:        </table>
52:        <br>
53:        <h3> 予約詳細情報 </h3>
54:        <table class="input">
55:          <tr><th> 宿泊人数 </th><td>（**人数**）人 </td></tr>
56:            <tr><th> チェックイン予定時間 </th><td>（**チェックイン時間**）
   </td></tr>
57:            <tr><th> 連絡事項 </th><td>（**連絡事項**）</td></tr>
58:        </table>
59:        <br>
60:        <input class="submit_a" type="submit" value=" 予約確定 ">
61:        <input class="submit_a" type="button" value=" 前の画面に戻る "
   onclick="history.back();">
62:        </form>
63:      </section>
64:     </article>
```

上記コードの「（**　**）」の場所にデータを埋め込んでいく。まずは部屋名称と予約日付である。

30H Academic　　**171**

3　「reserveDetail.php」でも行ったので詳細は省くが，次のコードを「reserveConfirm.
php」の先頭と末尾に記述する。

---

reserveConfirm.php（先頭部分）

```
01: <?php
02:   session_start();
03:   require_once('./dbConfig.php');
04:   $link = mysqli_connect(DB_SERVER, DB_USER, DB_PASS, DB_NAME);
05:   if ($link == null) {
06:     die(" 接続に失敗しました：" . mysqli_connect_error());
07:   }
08:   mysqli_set_charset($link, "utf8");
09:   $roomNo = $_SESSION['reserve']['roomno'];
10:   $sql = "SELECT room_name  FROM room  WHERE  room_no = {$roomNo}";
11:   $result = mysqli_query($link, $sql);
12:   $row = mysqli_fetch_array($result, MYSQLI_ASSOC);
13:   $roomName = $row['room_name'];              // 部屋名称
14:   $reserveDay = $_SESSION['reserve']['day'];// 予約日
15: ?>
16: <!DOCTYPE html>
17: <html lang="ja">
18: <head>
```

---

reserveConfirm.php（末尾部分）

```
107: <!-- フッター：終了 -->
108: <?php
109:   mysqli_free_result($result);
110:   mysqli_close($link);
111: ?>
112: </body>
113: </html>
```

ここまでで，選択された部屋名称($roomName)と宿泊日($reserveDay)が
取得できた。

4　該当箇所に表示させるために次のように入力する。

---

reserveConfirm.php（予約情報表示部分）

```
50: <!-- 各ページスクリプト挿入場所 -->
51:   <section>
52:     <form action="./reserveInsert.php" method="post">
53:      <h2> ご予約（最終確認）</h2>
54:      <p> 予約内容をご確認後、よろしければ予約確定ボタンを押してください。</p>
55:      <h3> 予約情報 </h3>
56:      <table class="input">
57:        <tr><th> お部屋名称 </th><td><?php echo $roomName; ?></td></tr>
58:        <tr><th> 宿泊日 </th><td><?php echo $reserveDay; ?></td></tr>
59:      </table>
60:      <br>
61:      <h3> 代表者情報 </h3>
```

5　動作確認をする。

すべての項目に入力されていれば次画面へ，未入力項目があれば前の画面に戻る
動きが確認できる。

3 入力にエラーがあった場合，入力画面にてエラーメッセージを表示させる

前述のスクリプトにより，入力値にエラーがあったときには「reserveDetail.php」へ遷移している。しかし，画面表示にエラーメッセージが表示されていないため，一見すると何も変化がないように見える。そこで，入力欄の横にエラーメッセージを表示するようにする。

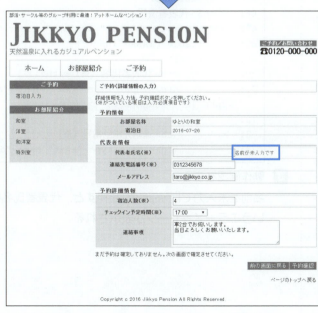

このために，p.170 の「reserveCheck.php」では，入力値チェックの際にメッセージを変数「$errMsg」に格納（21 行目から 41 行目）し，その値をセッションに格納（45 行目）してからページ遷移（46 行目）するようにしている。

このエラーメッセージを「reserveDetail.php」で表示するように修正する。

まずエラーメッセージをセッションから取得する。

1 「reserveDetail.php」の先頭部分を次のように変更する。

reserveDetail.php（先頭部分）

```
01: <?php
02:   session_start();
03:   $dnameErr = "";
04:   if (isset($_SESSION['errMsg']['dname'])) {
05:     $dnameErr = "<span style='color: red;'>" .
    $_SESSION['errMsg']['dname'] ."</span>";
06:   }
07:   unset($_SESSION['errMsg']); // すべてのエラーメッセージをクリア
08:   require_once('./dbConfig.php');
09:   $link = mysqli_connect(DB_SERVER, DB_USER, DB_PASS, DB_NAME);
10:   if ($link == null) {
11:     die(" 接続に失敗しました：" . mysqli_connect_error());
12:   }
13:   mysqli_set_charset($link, "utf8");
14:   $roomNo = $_GET['rno'];
15:   $sql = "SELECT room_name  FROM room  WHERE  room_no = {$roomNo}";
```

2 代表者情報の表示部分にエラーメッセージの表示ロジックを加える。

reserveDetail.php（代表者情報部分）

```
61:     <h3> 予約情報 </h3>
62:     <table class="input">
63:       <tr><th> お部屋名称 </th><td><?php echo $roomName; ?></td></tr>
64:       <tr><th> 宿泊日 </th><td><?php echo $reserveDay; ?></td></tr>
65:     </table><br>
66:     <h3> 代表者情報 </h3>
67:     <form method="post" action="reserveCheck.php">
68:       <table class="input">
69:         <tr>
70:           <th> 代表者氏名（※）</th>
71:           <td><input type="text" name="dname" value="">
    <?php echo $dnameErr; ?></td></tr>
72:         <tr>
73:           <th> 連絡先電話番号（※）</th>
74:           <td><input type="text" name="dtelno" value=""></td></tr>
```

3 動作確認をする。

名前を未入力で「予約確認」を押すと，代表者氏名欄の横に「名前が未入力です」と
いうエラーメッセージが表示される。

実習 13 「予約詳細情報入力画面」ページにエラーメッセージを表示する

ここまでで「代表者氏名」欄に未入力のエラーメッセージを表示するロジックを組み込んだ。これ以外の「電話番号」「宿泊人数」欄にもエラーメッセージを表示するロジックを組み込み，詳細情報入力画面を完成させなさい。

■ 完成例

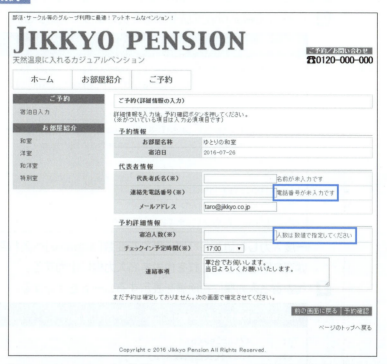

① 「reserveDetail.php」の先頭にエラーメッセージ表示用の変数を用意する。

reserveDetail.php（先頭部分）

```php
01: <?php
02:   session_start();
03:   $dnameErr = "";
04:   $dtelnoErr = "";
05:   $reserveNumErr = "";
06:   if (isset($_SESSION['errMsg']['dname']) {
07:     $dnameErr = $_SESSION['errMsg']['dname'];
08:   }
```

② 代表者氏名欄のエラーメッセージ処理と同様に，セッションにエラーメッセージがセットされているか確認をし，セットされているようなら，準備した表示用変数に値を入れ替える。

③ 「連絡先電話番号」「宿泊人数」のそれぞれの入力欄の横に，変数の内容を表示する。

● ヒント

すべてのエラーメッセージをクリアしている場所がある。その行より前で処理をしなければならない。

4 再入力時に前回入力のデータを初期表示する

前項でエラーメッセージが表示できた。しかし，**正しく入力した値**が再入力時に消えてしまっているのではないだろうか。これではユーザーにとって不便である。入力値はセッションに格納しているため，その値を初期表示するようにする。ただし，初回入力時と再入力時の区別を付けなければならないため，項目ごとにひと工夫が必要である。ここでは代表者氏名の部分の対応を紹介する。

1 「reserveDetail.php」の先頭部分を次のように追記する。

reserveDetail.php（先頭部分）

```
19:    $_SESSION['reserve']['roomno'] = $roomNo;
20:    $reserveDay = $_SESSION['reserve']['day'];
21:
22:    $dname = "";
23:    if (isset($_SESSION['reserve']['dname']) == true) {
24:      $dname = $_SESSION['reserve']['dname'];
25:    }
26: ?>
27: <!DOCTYPE html>
28: <html lang="ja">
29: <head> $result = mysqli_query($link, $sql);
```

注 ソースコードの行番号に色がついている行は，実習の進捗によって行番号が変わります。

一度入力した値があれば，それを変数「$dname」へ入れるコードである。なければ空文字となる。これを代表者名入力欄に出力する。

2 代表者名入力欄に初期値を表示するコードを追記する。

reserveDetail.php（代表者情報部分）

```
70:    </table><br>
71:    <h3> 代表者情報 </h3>
72:    <form method="post" action="reserveCheck.php">
73:      <table class="input">
74:        <tr>
75:          <th> 代表者氏名 （※） </th>
76:          <td><input type="text" name="dname" value="
    <?php echo $dname; ?>"><?php echo $dnameErr; ?></td></tr>
77:        <tr>
78:          <th> 連絡先電話番号 （※） </th>
79:          <td><input type="text" name="dtelno" value=""></td></tr>
```

3 動作確認をする。

代表者氏名欄と連絡先電話番号欄にデータを入力し，宿泊人数を空欄，チェックイン予定時間を選択せずに「予約確認」を押すと，必須項目が足りないためエラーになる（次画面に遷移しない）。しかし，代表者氏名については前回入力した値が残っている。つまり，正しく入力された値を残すという動作になる。

6章 オンライン予約システムの実装 〜予約機能〜

176 PHP入門

実習 14 「予約詳細情報入力画面」ページの再入力時に前回入力値を初期表示する

「代表者氏名」欄の再入力時表示に続けて，「連絡先電話番号」「メールアドレス」「宿泊人数」「連絡事項」についても同様に再入力時の初期表示をしなさい。

■ 完成例

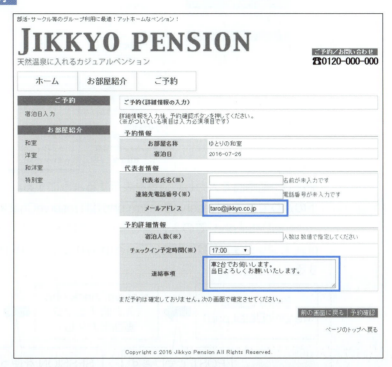

① 「reserveDetail.php」の先頭に再入力時表示用の変数を用意する。

reserveDetail.php（先頭部分）

```
20:    $reserveDay = $_SESSION['reserve']['day'];
21:
22:    $dname = "";
23:    if (isset($_SESSION['reserve']['dname']) == true) {
24:      $dname = $_SESSION['reserve']['dname'];
25:    }
26:    $dtelno = "";      // 連絡先電話番号
27:    $dmail = "";       // メールアドレス
28:    $reserveNum = "";  // 宿泊人数
29:    $message = "";     // 連絡事項
30: ?>
31: <!DOCTYPE html>
32: <html lang="ja">
```

② 代表者氏名欄の再入力時表示処理と同様に，セッションに値がセットされているか確認をし，セットされているようなら，準備した表示用変数に値を入れ替える。

③ 「連絡先電話番号」「メールアドレス」「宿泊人数」「連絡事項」のそれぞれの入力欄に変数の内容を表示する。

5 最終確認画面に前画面で入力したデータを表示する

もしデータを正常に入力した状態で「予約確認」のボタンを押すと「予約確認画面」に遷移する。しかし，現状では入力された情報が反映されておらず，ダミーでセットした情報が表示されている。

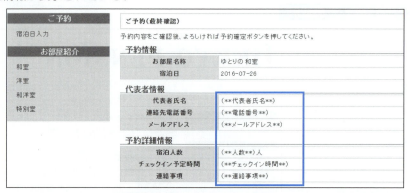

そこで，前画面で入力した情報を表示するようにする。ここまでの処理の流れは以下の通りである。「reserveConfirm.php」は「reserveCheck.php」を挟んでいるため，「reserveDetail.php」での入力値を直接は受け取れない。そこで，「reserveCheck.php」でセッション変数に格納している（p.170 の 10 〜 15 行目）。その値を表示に利用する。

1 「reserveConfirm.php」の先頭部分でセッションに格納したデータを取得する。次のように入力する。

reserveConfirm.php（先頭部分）

```
01: <?php
02:     session_start();
    :
13:     $roomName = $row['room_name']; // 部屋名称
14:     $reserveDay = $_SESSION['reserve']['day'];// 予約日
15:
16:     $dname   = $_SESSION['reserve']['dname'];
17:     $dtelno  = $_SESSION['reserve']['dtelno'];
18:     $dmail   = $_SESSION['reserve']['dmail'];
19:     $reserveNumber = $_SESSION['reserve']['reserveNumber'];
20:     $checkin = $_SESSION['reserve']['checkin'];
21:     $message = $_SESSION['reserve']['message'];
22: ?>
23: <!DOCTYPE html>
24: <html lang="ja">
25: <head>
26:     <meta charset="UTF-8">
```

2 各項目の表示部分に次のように PHP コードを埋め込む。

```
reserveConfirm.php
68:         <h3> 代表者情報 </h3>
69:         <table class="input">
70:           <tr><th> 代表者氏名 </th><td><?php echo $dname; ?></td></tr>
71:           <tr><th> 連絡先電話番号 </th><td>
    <?php echo $dtelno; ?></td></tr>
72:           <tr><th> メールアドレス </th><td><?php echo $dmail; ?></td></tr>
73:         </table>
74:         <br>
75:         <h3> 予約詳細情報 </h3>
76:         <table class="input">
77:           <tr><th> 宿泊人数 </th><td><?php echo $reserveNumber; ?>人
    </td></tr>
78:           <tr><th> チェックイン予定時間 </th><td>
    <?php echo $checkin; ?></td></tr>
79:           <tr><th> 連絡事項 </th><td><?php echo $message; ?></td></tr>
80:         </table>
81:         <br>
82:         <input class="submit_a" type="submit" value=" 予約確定 ">
83:         <input class="submit_a" type="button" value=" 前の画面に戻る "
    onclick="history.back();">
84:       </form>
85:     </section>
```

3 動作確認をする。

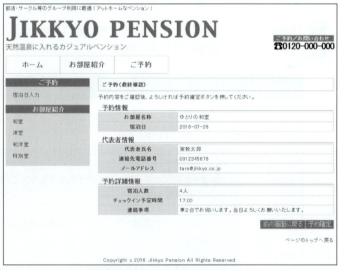

ここまでで予約最終確認画面が完成である。

6 予約完了画面を作成する

例題 39 予約詳細画面で入力した値に未入力などがないことのチェックが完了した後,予約の最終確認をし,予約を確定した画面を作成しよう。

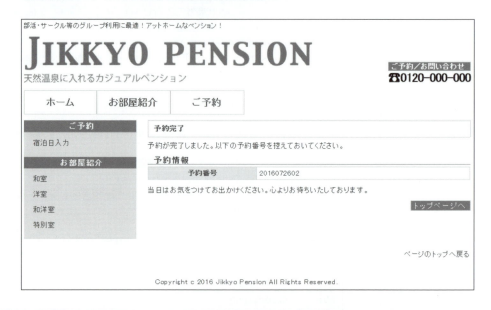

1 ひな形ページからダミーの予約完了画面を作成する

1. 「template.php」をコピーし,「reserveFinish.php」とする。
2. 「<!-- 各ページスクリプト挿入場所 -->」に次のコードを追加する。

```
reserveFinish.php
34:      <article>
35:  <!-- 各ページスクリプト挿入場所 -->
36:        <section>
37:          <h2> 予約完了 </h2>
38:          <p> 予約が完了しました。以下の予約番号を控えておいてください。</p>
39:          <h3> 予約情報 </h3>
40:          <table class="input">
41:            <tr><th> 予約番号 </th><td> (**予約番号**) </td></tr>
42:          </table>
43:          <br>
44:          <p> 当日はお気をつけてお出かけください。心よりお待ちいたしております。</p>
45:          <a class="submit_a" href="./index.php"> トップページへ </a>
46:        </section>
```

上記コードの「(** **)」の場所にデータを埋め込んでいくが,その前に予約情報をデータベースに保存することを考える。

2 予約情報を挿入する

予約情報をデータベースに登録しなければデータとして残らない。データベーステーブルにデータを挿入する SQL が INSERT 文である。

ここで，これまでのやり方でコードを考えてみたい。

```
$csql = "INSERT INTO customer (customer_id, customer_name,
  customer_telno, customer_address)  VALUES (".
  $newid." , '" .$dname . "' , '". $dtelno ."' , '". $dmail."')";
mysqli_query($link, $csql);
```

上記は「customer」テーブルに挿入する SQL を含んだ PHP スクリプトである。しかし，ピリオドとシングルクォーテーション，ダブルクォーテーション，カンマとが羅列されており読みにくい。とくに文字情報への挿入にはシングルクォーテーションが必要となり，変数の結合にはピリオドが必要となって複雑になりやすい。そこで次のように SQL にパラメータを使った指定のできるプリペアドステートメントを利用する。

```
$csql = "INSERT INTO customer (customer_id, customer_name,
  customer_telno, customer_address) VALUES ( ?, ?, ?, ? )";
if ($stmt = mysqli_prepare($link, $csql)) {
  mysqli_stmt_bind_param($stmt,"isss",$newid,$dname,$dtelno, $dmail);
  mysqli_stmt_execute($stmt);
  mysqli_stmt_close($stmt);
}
```

前のサンプルと比較すると SQL の見通しがよくなっているのがわかると思う。この場合，動的に値をセットする箇所を「?」で示すパラメータで SQL を構築しておき，後からパラメータの場所に値をセットしてから実行するという手法をとる。

まずはプリペアドステートメントを準備する関数を説明する。

mysqli_prepare (接続変数 ," 実行する SQL")	
接続変数	接続時に取得した変数を指定する。ここでは「$link」と指定する。
実行するSQL	実行したい SQL を文字列で指定する。ただし，ここで指定する SQL には「?」でパラメータを指定することができる。このパラメータには後で値を渡すことになる。

プリペアドステートメントの破棄は以下の関数で行う。

mysqli_stmt_close (ステートメント変数)	
ステートメント変数	mysqli_prepare() 関数の戻りの変数を指定する。ここでは「$stmt」と指定する。

6章

オンライン予約システムの実装 〜予約機能〜

30H Academic　**181**

SQL の文中に示したパラメータに値をセットするのが mysqli_stmt_bind_param() 関数である。

```
mysqli_stmt_bind_param(ステートメント変数,"型指定文字",[変数])
```

ステートメント変数	mysqli_prepare() 関数の戻りの変数を指定する。ここでは「$stmt」と指定する。
型指定文字	1つ，あるいは複数の文字でパラメータに渡す変数の型を指定する。つまり「?」が3つある SQL の場合は「sss」などの3文字になるということである。このときに使う文字には以下のような意味がある。 i　対応する変数の型は integer d　対応する変数の型は double s　対応する変数の型は string b　対応する変数の型は blob
[変数]	パラメータに渡す変数を指定する。「?」が3つある SQL の場合は3つの変数が必要になる。

今回の指定は以下の表形式にするとわかりやすい。

```
$csql = "INSERT INTO customer (customer_id, customer_name,
  customer_telno, customer_address) VALUES ( ?, ?, ?, ? )";
mysqli_stmt_bind_param($stmt, "isss", $newid, $dname, $dtelno, $dmail);
```

SQLで対応する列名	customer_id	customer_name	customer_telno	customer_address
型指定	i(数値)	s(文字)	s(文字)	s(文字)
変数	$newid	$dname	$dtelno	$dmail

また，パラメータを変数で埋めたのち，SQL を実行するのが以下の関数である。

```
mysqli_stmt_execute(ステートメント変数)
```

ステートメント変数	mysqli_prepare() 関数の戻りの変数を指定する。ここでは「$stmt」と指定する。

プリペアドステートメントは SQL インジェクションの対策の1つとしても有効である。SQL インジェクションとは，PHP スクリプトに渡すパラメータの値を操作することで，もともと意図されていない処理を SQL として実行させてしまうことである。

ここでは前回同様に画面のないスクリプトを挟み，そこでデータベース登録の処理を行うようにする。

1 新規 PHP ファイルを「reserveInsert.php」で作成し，次のドキュメントを記述する。
プリペアドステートメントを活用したデータベースへの挿入コードとなっている。

```php
reserveInsert.php

01: <?php
02:   session_start();
03:   require_once('./dbConfig.php');
04:   $link = mysqli_connect(DB_SERVER, DB_USER, DB_PASS, DB_NAME);
05:   if ($link == null) {
06:     die("接続に失敗しました：" . mysqli_connect_error());
07:   }
08:   mysqli_set_charset($link, "utf8");
09: // 新しいCustomerIDを取得*******************************
10:   $maxsql = "SELECT MAX(customer_id) AS maxid FROM customer";
11:   $result = mysqli_query($link, $maxsql);
12:   $row = mysqli_fetch_array($result, MYSQLI_ASSOC);
13:   $newid = $row['maxid'] + 1;
14:
15: // Customer テーブルに挿入*******************************
16:   $dname  = $_SESSION['reserve']['dname'];
17:   $dtelno = $_SESSION['reserve']['dtelno'];
18:   $dmail  = $_SESSION['reserve']['dmail'];
19:   $sql = "INSERT INTO customer (customer_id, customer_name,
    customer_telno, customer_address) VALUES (?,?,?,?)";
20:   if ($stmt = mysqli_prepare($link, $sql)) {
21:     mysqli_stmt_bind_param($stmt, "isss", $newid, $dname, $dtelno,
    $dmail);
22:     mysqli_stmt_execute($stmt);
23:     mysqli_stmt_close($stmt);
24:   }
25:
26: // 新しい reserve_no を取得*******************************
27:   $reserveDay = $_SESSION['reserve']['day'];
28:   $newsql = "SELECT MAX(reserve_no) AS maxno FROM reserve WHERE
    date(reserve_date) = '" . $reserveDay . "'";
29:   $result = mysqli_query($link, $newsql);
30:   $row = mysqli_fetch_array($result, MYSQLI_ASSOC);
31:   $maxno = $row['maxno'];
32:   if (empty($maxno)) {                    // その日初めての予約No
33:     $reserve = date('Ymd', strtotime($reserveDay));
34:     $reserveNo = $reserve . "01";
35:   } else {                                // 他に予約がある場合
36:     $reserveNo = $maxno + 1;
37:   }
38: // Reserve テーブルに挿入*******************************
39:   $reserveNumber = $_SESSION['reserve']['reserveNumber'];
40:   $checkin = $_SESSION['reserve']['checkin'];
41:   $message = $_SESSION['reserve']['message'];
42:   $roomNo = $_SESSION['reserve']['roomno'];
43:   $sql = "INSERT INTO reserve(reserve_no, reserve_date, room_no,
    customer_id, numbers, checkin_time, message) values
    (?,?,?,?,?,?,?)";
44:   if ($stmt = mysqli_prepare($link, $sql)) {
45:     mysqli_stmt_bind_param($stmt, "isiiiss", $reserveNo,
    $reserveDay, $roomNo, $newid, $reserveNumber, $checkin, $message);
```

```
46:     mysqli_stmt_execute($stmt);
47:     mysqli_stmt_close($stmt);
48:   }
49:
50:   mysqli_free_result($result);
51:   mysqli_close($link);
52:   unset($_SESSION['reserve']);              // 予約情報を破棄
53:   $_SESSION['reserveNo'] = $reserveNo; // 予約番号を次画面へ
54:   header("location: ./reserveFinish.php");
55: ?>
```

予約した顧客情報を「customer」テーブルに格納するために，顧客 ID が必要となる。今回は 10 行目〜 13 行目で「customer」テーブルから顧客 ID の最大値を取得し，その値に 1 を加えることで唯一の顧客 ID としている。

このシステムにおいて，予約番号は「予約日 + シーケンシャル No」とする。つまり 2016 年 7 月 26 日のはじめて予約する顧客の予約番号は「2016072601」としている。これをシステムで作り出すために，27 行目〜 31 行目で指定された日の予約番号の最大値を取得している。取得できた場合は，その番号に 1 を加えた値（36 行目）を予約番号とし，取得できなかった場合は 33 行目，34 行目で「予約日 + シーケンシャル No」を作り出し，予約番号としている。

この一連の処理で予約処理が完了したため，セッションに格納していた予約情報は破棄している（52 行目）。また，予約番号は次画面で必要なので再度別の名前でセッションに入れて（53 行目）「reserveFinish.php」へページ遷移している。

3　予約番号を表示する

「reserve」テーブルにデータが挿入された段階で予約番号が決まる。予約番号は「reserveInsert.php」にてセッション変数に格納されている。そこで「reserveFinish.php」にてそれを表示するようにしたい。

1 先ほど作成した「reserveFinish.php」の先頭部分に以下の記述を追記する。

reserveFinish.php

```
01: <?php
02: session_start();
03: if (isset($_SESSION['reserveNo']) == false) {
04:   header("location: ./index.php");
05:   exit();
06: }
07: $reserveNo = $_SESSION['reserveNo'];
08: unset($_SESSION['reserveNo']);
09: ?>
10: <!DOCTYPE html>
11: <html lang="ja">
12: <head>
13:   <meta charset="UTF-8">
```

ここでは，7 行目で「reserveInsert.php」で決定した予約番号を取得して変数に格納している。ただし，格納されていなかった場合（3 行目）は，ブラウザーの戻るボタンなどでの画面遷移が考えられるため，トップページに強制的に戻るよう

にしている。

2. ページ先頭で変数に格納した予約番号を表示するようにする。

```
reserveFinish.php
47:        <p> 予約が完了しました。以下の予約番号を控えておいてください。</p>
48:        <h3> 予約情報 </h3>
49:        <table class="input">
50:          <tr><th> 予約番号 </th><td><?php echo $reserveNo; ?></td></tr>
51:        </table>
52:        <br>
53:        <p>当日はお気をつけてお出かけください。心よりお待ちいたしております。</p>
54:        <a class="submit_a" href="./index.php"> トップページへ </a>
```

3. 実行して確認する。

これで一連の流れが完成である。

補足 `customer_id, reserve_no` の付番について

今回のシステムでは，実装を簡単にするために，新たな「customer_id」，「reserve_no」の番号を生成する方法として，それぞれテーブル内の最大値を取得し，それに1を加算する方法をとった。しかしこの方法は，同時に予約が複数行われた場合や，予約が削除された場合などに，後から挿入された行がエラーになるなどの不具合が発生する場合がある。

これらを避けるためには，データベースの機能として自動付番を行う「auto_increment」を利用したり，トランザクション(分割することのできない一連の処理をひとまとめにすること)を利用したりする。

これらについては，このシステム全体を完成させた後，次のステップとして調べて実装してほしい。

7章 オンライン予約システムの実装〜予約管理機能〜

30H Academic ▷ PHP入門

5，6章でオンライン予約システムの顧客側システムが実装できた。しかし，これだけだとペンションオーナーは誰が予約したのかわからない。この章では，予約システムで登録した顧客の予約情報を見ることができる予約管理機能を実装する。

1 すべての予約情報の一覧表示を行う

例題 40 顧客から予約された情報を，日付に限らずすべて一覧表示するページを作成しよう。

すべての日付の予約情報を表示する

1 HTML のみの Web ページを作成する

ペンションオーナー側ページは顧客側のように，検索機能などは不要である。あくまで誰がいつ予約しているのかを確認できればよい。
そこでサイドメニューなどを削除し，できるだけシンプルな画面に仕上げる。

① 「template.php」をコピーし，「ownerReserveList.php」にファイル名を変更する。
② 「ownerReserveList.php」を次のように手直しする。

▶ 「ownerReserveList.php」では，顧客が利用するときに必要だった「index.php」へのリンクや問い合わせの表記は削除している。

```
ownerReserveList.php
01: <!DOCTYPE html>
02: <html lang="ja">
03: <head>
04:   <meta charset="UTF-8">
05:   <link rel="stylesheet" href="./css/style.css" type="text/css">
06:   <title>JIKKYO PENSION</title>
07: </head>
08: <body>
09:   <!-- ヘッダー：開始 -->
10:   <header id="header">
11:     <div id="pr">
12:       <p>部活・サークル等のグループ利用に最適！アットホームなペンション！</p>
13:     </div>
14:     <h1><img src="./images/logo.png" alt=""></h1>
15:   </header>
```

```html
16:  <!-- ヘッダー：終了 -->
17:  <!-- メニュー：開始 -->
18:  <nav id="menu">
19:    <ul>
20:      <li><a href="#"> 本日 </a></li>
21:      <li><a href="#"> 本日以降 </a></li>
22:      <li><a href="#"> 過去 </a></li>
23:    </ul>
24:  </nav>
25:  <!-- メニュー：終了 -->
26:  <!-- コンテンツ：開始 -->
27:  <div id="contents">
28:    <h2> 予約管理画面（本日）</h2>
29:    <p> 各行の削除ボタンを押すことで、予約情報を削除することができます。</p>
30:    <table class="host">
31:      <th> 宿泊日付 </th>
32:      <th> チェックイン <br> 予定時間 </th>
33:      <th> 部屋番号 </th>
34:      <th> 顧　客　名 </th>
35:      <th> 代表者連絡先 </th>
36:      <th> 利用人数 </th>
37:      <th> メッセージ </th>
38:      <th></th>
39:      <tr>
40:        <td>2016-07-15</td>
41:        <td>19:00</td>
42:        <td>301</td>
43:        <td> 実教太郎 </td>
44:        <td>0312345678</td>
45:        <td>4 人 </td>
46:        <td> よろしくお願いいたします。（テスト）</td>
47:        <td><a href="" class="submit_a"> 削除 </a></td>
48:      </tr>
49:      <tr>
50:        <td>2016-07-15</td>
51:        <td>19:00</td>
52:        <td>101</td>
53:        <td> 実教太郎 </td>
54:        <td>0312345678</td>
55:        <td>4 人 </td>
56:        <td> よろしくお願いいたします。（テスト）</td>
57:        <td><a href="" class="submit_a"> 削除 </a></td>
58:      </tr>
59:    </table>
60:    <br>
61:    <a class="submit_a" href=""> ログアウトする </a>
62:  </div>
63:  <!-- コンテンツ：終了 -->
64:  <!-- フッター：開始 -->
65:  <footer id="footer">
66:    Copyright c 2016 Jikkyo Pension All Rights Reserved.
67:  </footer>
68:  <!-- フッター：終了 -->
69: </body>
70: </html>
```

1件目

2件目

3 「ownerReserveList.php」を表示させる。次の画面がブラウザーに表示される。

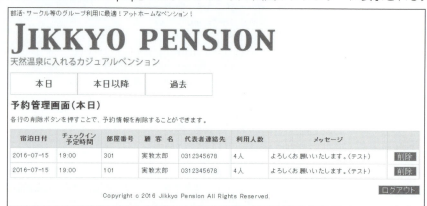

この予約情報の各行をデータベースから取得するようにPHPスクリプトを記述していく。

2 データを取得するSQLを考えてスクリプトに組み込む

実装する内容はこれまで作成してきたPHPスクリプトとあまり変わらない。まずやるべきことは，表示するデータの格納元を考えてSQLを組み立てることである。
今回のページで表示するデータは以下の項目である。

・宿泊日付
・チェックイン予定時間
・部屋番号
・顧客名
・代表者連絡先電話番号
・利用人数
・メッセージ
・（予約番号：削除するために必要な情報）

これらの情報をどのテーブルから取得するか，4章で解説をしたE-R図から考える。

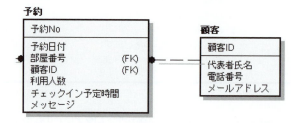

「予約」テーブル(reserve)と「顧客」テーブル(customer)の2つに表示すべきすべてのデータがあることがわかる。そこでSQLを考える。

●「予約」テーブルから「予約No」と「予約日付（宿泊日付）」「部屋番号」「利用人数」
「チェックイン予定時間」「メッセージ」を取得するSQL

```
SELECT reserve_no, reserve_date, room_no, numbers, checkin_time, message FROM reserve
```

●「顧客」テーブルから「代表者氏名（顧客名）」と「電話番号（代表者連絡先）」を取得するSQL

```
SELECT customer_name, customer_telno  FROM customer
```

●上記を顧客IDで連結させて表示するデータを取得するSQLを作成する。

```
SELECT reserve_no, reserve_date, room_no, numbers, checkin_time,
message, customer_name, customer_telno
FROM reserve, customer
WHERE reserve.customer_id = customer.customer_id
```

データベース接続をし，このSQLを実行するようにスクリプトを修正する。

1 「ownerReserveList.php」の先頭と末尾に次のようにPHPスクリプトを追記する。

ownerReserveList.php（先頭部分）

```php
01: <?php
02:   require_once('./dbConfig.php');
03:   $link = mysqli_connect(DB_SERVER, DB_USER, DB_PASS, DB_NAME);
04:   if ($link == null) {
05:     die("接続に失敗しました：" . mysqli_connect_error());
06:   }
07:   mysqli_set_charset($link, "utf8");
08:
09:   $sql = "SELECT reserve_no, reserve_date, room_no, numbers,
10:     checkin_time, message, customer_name, customer_telno
11:     FROM reserve, customer
12:     WHERE reserve.customer_id = customer.customer_id ";
13:
14:   $result = mysqli_query($link, $sql);
15: ?>
16: <!DOCTYPE html>
17: <html lang="ja">
18: <head>
19:   <meta charset="UTF-8">
20:   <link rel="stylesheet" href="./css/style.css" type="text/css">
21:   <title>JIKKYO PENSION</title>
```

表示データを取得するSQL

ownerReserveList.php（末尾部分）

```php
79:   <!-- フッター：開始 -->
80:   <footer id="footer">
81:     <p>Copyright c 2016 Jikkyo Pension All Rights Reserved.</p>
82:   </footer>
83:   <!-- フッター：終了 -->
84: <?php
85:   mysqli_free_result($result);
86:   mysqli_close($link);
87: ?>
88: </body>
89: </html>
```

30H Academic

2 先ほど仮に作成した予約情報のテストデータを削除し，各行にデータベースから取得したデータを出力するようにスクリプトを記述する。

ownerReserveList.php（テーブル部分）

```
45:     <table class="host">
46:         <th> 宿泊日付 </th>
47:         <th> チェックイン <br> 予定時間 </th>
48:         <th> 部屋番号 </th>
49:         <th> 顧　客　名 </th>
50:         <th> 代表者連絡先 </th>
51:         <th> 利用人数 </th>
52:         <th> メッセージ </th>
53:         <th></th>
54: <?php
55:   while ($row = mysqli_fetch_array($result, MYSQLI_ASSOC)) {
56:     echo "<tr>";
57:     $rdate = date('Y-m-d', strtotime($row['reserve_date']));
58:     echo "<td>{$rdate}</td>";
59:     echo "<td>{$row['checkin_time']}</td>";
60:     echo "<td>{$row['room_no']}</td>";
61:     echo "<td>{$row['customer_name']}</td>";
62:     echo "<td>{$row['customer_telno']}</td>";
63:     echo "<td>{$row['numbers']} 人 </td>";
64:     echo "<td>{$row['message']}</td>";
65:     echo "<td><a class='submit_a'
    href='./ownerReserveDelete.php?rno={$row['reserve_no']}'> 削除
    </a></td>";
66:     echo "</tr>";
67:   }
68: ?>
69:     </table>
70:     <br>
71:     <a href="" class="submit_a"> ログアウト </a>
```

3 ここまで作成したら「ownerReserveList.php」を表示する。データベースに登録されている全予約情報が画面に表示される。

すべての日付の予約情報が表示される

実習 15　代表者連絡先としてメールアドレスも表示する

予約情報の一覧画面には代表者連絡先として電話番号が表示されている。しかし，メールアドレスを持っている利用者は，予約時にメールアドレスも入力しているはずである。これを次のように表示しなさい。

■ 完成例

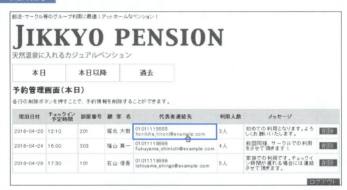

① データベースから代表者のメールアドレスを取得するように SQL を修正する。E-R 図を見ると，「顧客」テーブル(customer)にメールアドレス(customer_address)の項目がある。これを SELECT 文の取得項目に追加する。

② メールアドレスを「代表者連絡先」のセルに表示するようにする。
代表者連絡先の <td> タグの内容は「<td> 電話番号 </td>」となっている。これを「<td> 電話番号
 メールアドレス </td>」と <td> タグの中に2つの情報を埋め込むように PHP スクリプトを書き換える。

③ メールアドレスをクリックしたときに，メーラーが起動するようにする。
オーナーが顧客に連絡しやすいように，メールアドレスをクリックしたら，設定されているメーラー(outlook 等のメール送受信用ソフトウェア)が起動されるようにする。これは，次のように <a> タグを使うことで実現できる。

```
<a href="mailto:メールアドレス">メールアドレス</a>
```

すると，<a> タグの内容(メールアドレス)がリンクになって表示される。このリンクをクリックすると，メールアドレスを宛先の初期値としてメーラーが起動する。

● ヒント

「<a href="mailto:メールアドレス">」を echo 命令で出力するときに，「echo "<a href="mailto:メールアドレス">";」と書くと，出力文字列開始のダブルクォーテーションと文字列としてのダブルクォーテーションが混在してしまう。そこで「echo "<a href=\"mailto:メールアドレス\">";」と文字列としてのダブルクォーテーションにはエスケープシーケンスを利用する。

> ▶ エスケープシーケンス
>
> 文字列として入力を行えない特殊な文字
> \n：改行
> \t：タブ
> \\：\文字
> \'：シングルクォーテーション
> \"：ダブルクォーテーション
> などがある。

2 指定した日付区分の予約情報の一覧表示を行う

例題41 顧客から予約された情報を「本日」「本日以降」「過去」の日付区分に応じて一覧表示するページを作成しよう。

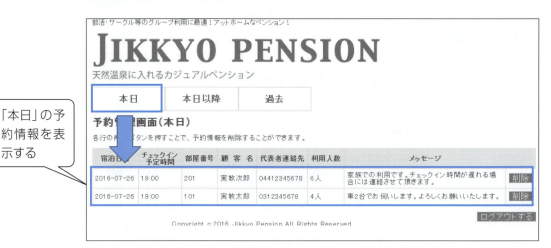

「本日」の予約情報を表示する

ペンションを利用する顧客は日々増えていく。その予約情報を過去も未来も混在して一覧表示してしまっては，オーナーにとって必要な情報がわかりにくくなってしまう。そこで，受け入れ準備をするためにも「本日」宿泊する顧客のリスト，忘れ物の問い合わせに対応するために「過去」宿泊した顧客のリスト，予約のキャンセルに対応するために「本日以降」に宿泊予定している顧客のリストを，それぞれ指定して表示したい。

1 本日の予約, 未来の予約, 過去の予約を表示するSQLを考える

一覧形式で表示する項目は同じであるため，今回の日付区分の対応はSQLの条件式の修正で行うことができる。すでに6章で日付の取扱いについて学んだので，それを活用してSQLを考える。

●本日宿泊する顧客のリスト

```
SELECT reserve_no, reserve_date, room_no, numbers, checkin_time,
message, customer_name, customer_telno
FROM reserve, customer
WHERE reserve.customer_id = customer.customer_id
AND date(reserve_date) = '本日の日付'
```

●本日以降(未来)に宿泊する顧客のリスト

```
SELECT reserve_no, reserve_date, room_no, numbers, checkin_time,
message, customer_name, customer_telno
FROM reserve, customer
WHERE reserve.customer_id = customer.customer_id
AND date(reserve_date) >= '本日の日付'  ORDER BY reserve_date  ASC
```

※本日に近い日付が表の上部に並ぶようにORDER BYの指定を昇順としている。

●チェックアウト済み（過去）の顧客のリスト

```
SELECT reserve_no, reserve_date, room_no, numbers, checkin_time,
message, customer_name, customer_telno
FROM reserve, customer
WHERE reserve.customer_id = customer.customer_id
AND  date(reserve_date) < '本日の日付'  ORDER BY reserve_date DESC
```

※本日に近い日付が表の上部に並ぶように ORDER BY の指定を降順としている
これらのSQLを指定された区分によって使い分けてデータを取得すればよい。

2　本日の予約，未来の予約，過去の予約を表示する

1 「ownerReserveList.php」のメニューのリンクを次のように修正する。

> **ownerReserveList.php**
>
> ```
> 32: <!-- メニュー：開始 -->
> 33: <nav id="menu">
> 34:  <ul>
> 35:   <li><a href="./ownerReserveList.php?disp=today">本日</a></li>
> 36:   <li><a href="./ownerReserveList.php?disp=after">本日以降</a></li>
> 37:   <li><a href="./ownerReserveList.php?disp=before">過去</a></li>
> 38:  </ul>
> 39: </nav>
> 40: <!-- メニュー：終了 -->
> ```

どのリンクを押しても「ownerReserveList.php」を表示するが，いつの表示を
するのかを指定するパラメータ「disp」を設定し，値として「today」「after」
「before」の３つを用意する。URL の末尾にパラメータとして付加することで，
2 PHP スクリプトでは「$_GET」のグローバル変数で取得できる。取得したパラ
メータの値によって作成するSQLを変化させればよい。
「ownerReserveList.php」の先頭部分でパラメータを取得するコードを次のよう
に追記する。

> **ownerReserveList.php**（先頭部分）
>
> ```
> 01: <?php
> 02: require_once('./dbConfig.php');
> 03: $link = mysqli_connect(DB_SERVER, DB_USER, DB_PASS, DB_NAME);
> 04: if ($link == null) {
> 05:   die("接続に失敗しました：" . mysqli_connect_error());
> 06: }
> 07: mysqli_set_charset($link, "utf8");
> 08:
> 09: $mode = "today";    // 指定がない場合は「本日」とする
> 10: if (isset($_GET["disp"]) == true) {
> 11:     $mode = htmlspecialchars($_GET["disp"]);
> 12: }
> ```

ただし，パラメータが取得できなかった場合は，「本日」のデータを表示するように初期値を設定しておく（9行目）。

3 パラメータの値ごとにSQLを切り分けるため，「ownerReserveList.php」のデータ取得部分に次のコードを追記する。

```
ownerReserveList.php（先頭部分）

01: <?php
02: require_once('./dbConfig.php');
03: $link = mysqli_connect(DB_SERVER, DB_USER, DB_PASS, DB_NAME);
04: if ($link == null) {
05:   die("接続に失敗しました：" . mysqli_connect_error());
06: }
07: mysqli_set_charset($link, "utf8");
08:
09: $mode = "today";    // 指定がない場合は「本日」とする
10: if (isset($_GET["disp"]) == true) {
11:     $mode = htmlspecialchars($_GET["disp"]);
12: }
13:
14: $sql = "SELECT reserve_no, reserve_date, room_no, numbers,
15:   checkin_time, message, customer_name, customer_telno
16:    FROM reserve, customer
17:    WHERE reserve.customer_id = customer.customer_id ";
18: $today = date('Y-m-d');// 本日の日付
19: switch ($mode) {
20: case "after":
21:     $modeStr = " (本日以降) ";
22:     $sql = $sql . " AND date(reserve_date) >= '{$today}'
   ORDER BY reserve_date ASC";
23:     break;
24: case "before":
25:     $modeStr = " (過去) ";
26:     $sql = $sql . " AND date(reserve_date) < '{$today}'
   ORDER BY reserve_date DESC";
27:     break;
28: case "today":
29: default:
30:     $modeStr = " (本日) ";
31:     $sql = $sql . " AND date(reserve_date) = '{$today}'";
32:     break;
33: }
34:   $result = mysqli_query($link, $sql);
35: ?>
```

> ▶ 22，26，31行目のSQLを記述する際に「AND」の前に半角スペースを入れる。そうしないと，SQLの実行時にエラーが発生する場合がある。

> ▶ 29行目でdefault指定をしている。これより，もし「after」，「before」，「today」以外の値がパラメータとして渡されても，「本日」と同じ処理を行うようにしている。

18行目ではSQLで利用する本日の日付をdate() 関数で取得する。その後19行目〜33行目でswitch文を使ってSQLを組み立てている。それぞれ共通的なSQL（14行目）の後ろに条件文を結合している。

また，21行目，25行目，30行目ではタイトル部に表示する文字列を設定している。

4 タイトル部に表示する文字列を表示すべき場所に次のように記述する。

```
ownerReserveList.php
61:     <!-- コンテンツ：開始 -->
62:     <div id="contents">
63:       <h2> 予約管理画面<?php echo $modeStr; ?></h2>
64:       <p>各行の削除ボタンを押すことで，予約情報を削除することができます。</p>
65:       <table class="host">
66:         <th> 宿泊日付 </th>
67:         <th> チェックイン <br> 予定時間 </th>
```

5 ここまで実装できたらブラウザーに表示して動作確認をとる。

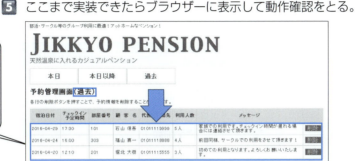

メニューで指定した区分の予約情報が表示される

実習 16 予約がなかった場合の表示を組み込む

メニューのリンクを選択したとき，指定された表示区分に予約情報がない可能性もある。その場合に次のように表示しなさい。

■ 完成例

① 予約がない場合は，予約一覧のテーブル自体を表示しないようにする。そのため，テーブルを表示している箇所の上の行でデータの件数を取得する。

● ヒント

データの件数の取得は mysqli_num_rows() 関数で行う。

② 予約がある場合は「各行の削除ボタンを押すことで，予約情報を削除することができます。」と表示し，予約一覧のテーブルを表示する。予約がない場合は「指定された期間に予約はありません。」と表示し，テーブルを表示しないように，if 文で分岐を作成する。

● ヒント

p.121「   9   部屋情報がなかった場合の処理を加える   」を参照。

3 過去の予約の削除ボタンを非表示にする

画面表示されている予約一覧には削除ボタンがあるが，本来これは「本日以降」の予約のキャンセル機能にあたるもので，「過去」の予約に対しては削除できないようにしなければならない。そこで「過去」の予約一覧の表示の際には，削除ボタンを表示しないようにする。

現在の表示区分は変数「$mode」に格納されている。これが過去（before）の場合に，削除ボタンを表示しなければよい。

1「ownerReserveList.php」のボタン表示部分に次のように条件式を追記する。また，削除ボタンを非表示にした分，テーブルの列を1列分削る処理を同じ条件で記述する。

> 注　ソースコードの行番号に色がついている行は，実習の進捗によって行番号が変わります。

ownerReserveList.php（テーブル部分）

```
70:         <th> 代表者連絡先 </th>
71:         <th> 利用人数 </th>
72:         <th> メッセージ </th>
73:         <th></th>   ← 削除
73: <?php
74:     if ($mode != "before") {
75:         echo "<th></th>";
76:     }
77:     while ($row = mysqli_fetch_array($result, MYSQLI_ASSOC)) {
78:       echo "<tr>";
79:       $rdate = date('Y-m-d', strtotime($row['reserve_date']));
80:       echo "<td>{$rdate}</td>";
81:       echo "<td>{$row['checkin_time']}</td>";
82:       echo "<td>{$row['room_no']}</td>";
83:       echo "<td>{$row['customer_name']}</td>";
84:       echo "<td>{$row['customer_telno']}</td>";
85:       echo "<td>{$row['numbers']} 人 </td>";
86:       echo "<td>{$row['message']}</td>";
87:       if ($mode != "before") {
88:           echo "<td><a class='submit_a'
    href='./ownerReserveDelete.php?rno={$row['reserve_no']}'>削除
    </a></td>";
89:       }
90:       echo "</tr>";
91:     }
```

2 メニューの過去のリンクをクリックして動作確認をする。

「過去」のときは，削除ボタンが表示されない

3 削除機能を実装する

例題 42　指定された予約を削除する機能を完成させよう。

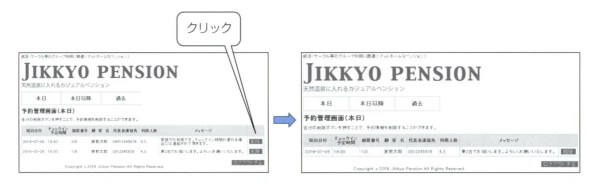

1 表示内容のない PHP スクリプトを作成する

> 本来は，レコードを削除するよりも，テーブルに削除フラグや削除日時等の項目を用意し，削除したことを履歴として確認できるようにしておくほうが望ましい。

表示されているテーブルの削除ボタンが押されたら，該当レコードの予約を削除する。本来，データベースからレコードを単純に削除するのは好ましくないが，ここではテーブル構造に手を加えず，予約レコードを削除するだけの機能を実装する。
ここでは 6 章で実装したように，表示内容のない PHP スクリプトを用意し，削除処理を行って元ページに戻るという構造で実装したい。

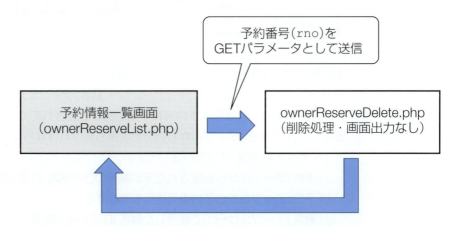

1 新規 PHP ファイルを「ownerReserveDelete.php」で作成し，次のドキュメントを記述する。

ownerReserveDelete.php

```php
01: <?php
02:     $reserveNo = htmlspecialchars($_GET["rno"]);
03:     echo "削除する予約番号は {$reserveNo} です <br>";
04: ?>
```

2 動作確認をする。

予約情報の一覧から「削除」ボタンを押して次のような画面が表示されれば，予約番号の受け渡しができているということになる（表示例の予約番号は不定である）。

エラーなどでこの画面が表示されない場合は，「ownerReserveList.php」の <a> タグの href プロパティが間違っている可能性が高いので見直すとよい。

2 削除するSQLを組み立てる

> 本来のシステムでは，予約と顧客は別に考え，予約削除と同時に顧客も削除するという考え方はしない。顧客と予約の関係は1対多の関係（1人の顧客が何回も予約できる）だからである。
> しかし，今回のシステムは予約と顧客が完全に1対1の関係になっているため，この処理を行っている。

ここではまず，予約情報を削除するSQLを考える。顧客が予約した際にデータが挿入されるテーブルは「予約」テーブルと「顧客」テーブルである。そのため，2つのテーブルからデータを削除しなければならない。

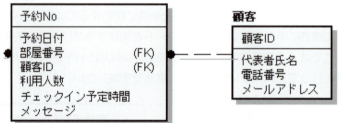

上記E-R図を見ると，「予約」テーブルと「顧客」テーブルには外部キー参照の関連がある。そのため，削除する順番は『「予約」テーブル→「顧客」テーブル』でなければならない。

また，削除する予約番号は予約情報一覧画面から渡されてくるが，顧客IDは不明である。これは「予約」テーブルから自分で取得しなければならない。まとめると，このときに実行するSQLは以下の3つである。

①「予約」テーブルから指定された予約番号の行の顧客IDを取得する
②「予約」テーブルから予約番号の行を削除する
③「顧客」テーブルから①で取得した顧客IDの行を削除する

1 「予約」テーブルから指定の予約番号の行の顧客IDを取得する

まず，「予約」テーブルから指定の予約番号（ここでは「2016072601」とする）の行の顧客IDを取得する。そのSQLは次のとおりである。

```
SELECT customer_id FROM reserve WHERE reserve_no = 2016072601
```

1 上記のSQLを実行するように「ownerReserveDelete.php」に次のように追記する。

---

ownerReserveDelete.php

```
01: <?php
02: $reserveNo = htmlspecialchars($_GET["rno"]);
03: echo "削除する予約番号は {$reserveNo} です <br>";
04: require_once('./dbConfig.php');
05: $link = mysqli_connect(DB_SERVER, DB_USER, DB_PASS, DB_NAME);
06: if ($link == null) {
07:    die("接続に失敗しました：" . mysqli_connect_error());
08: }
09: mysqli_set_charset($link, "utf8");
10:
11: $sql = "SELECT customer_id FROM reserve
12:    WHERE reserve_no = {$reserveNo}";
13:
14: $result = mysqli_query($link, $sql);
15: $row = mysqli_fetch_array($result, MYSQLI_ASSOC);
16: $customer_id = $row['customer_id'];
17: echo "削除する顧客IDは {$customer_id}";
18:
19: mysqli_free_result($result);
20: mysqli_close($link);
21: ?>
```

---

2 ここまでで動作確認をとる。

「削除する予約番号は…」の下に「削除する顧客IDは…」と顧客IDの数値が表示される（予約番号や顧客 ID は数値が表示されていればよい）。

❷ 「予約」テーブルから予約番号の行を削除する

テーブルの行を削除するのは DELETE 文である。条件に予約番号（ここでは「2016072601」とする）を指定する DELETE 文は次のとおりである。

```
DELETE FROM reserve WHERE reserve_no = 2016072601
```

1 上記のSQLを実行するように「ownerReserveDelete.php」に次のように追記する。

---

ownerReserveDelete.php

```
15: $row = mysqli_fetch_array($result, MYSQLI_ASSOC);
16: $customer_id = $row['customer_id'];
17: echo "削除する顧客IDは {$customer_id}";
18:
19: $sql = "DELETE FROM reserve WHERE reserve_no = {$reserveNo} ";
20: mysqli_query($link, $sql);
21:
22: mysqli_free_result($result);
23: mysqli_close($link);
24: ?>
```

ここではまだ動作確認はしない。

③ 「顧客」テーブルから取得した顧客IDの行を削除する

1 ❶のときに顧客 ID を取得し，変数「$customer_id」に格納した。この変数の値を条件に削除する DELETE 文は次のとおりである。

```
DELETE FROM customer WHERE customer_id = {顧客ID}
```

上記のSQLを実行するように「ownerReserveDelete.php」に次のように追記する。

ownerReserveDelete.php

```php
01: <?php
02: $reserveNo = htmlspecialchars($_GET["rno"]);
03: echo "削除する予約番号は {$reserveNo} です <br>";
04: require_once('./dbConfig.php');
05: $link = mysqli_connect(DB_SERVER, DB_USER, DB_PASS, DB_NAME);
06: if ($link == null) {
07:   die("接続に失敗しました：" . mysqli_connect_error());
08: }
09: mysqli_set_charset($link, "utf8");
10:
11: $sql = "SELECT customer_id FROM reserve
12:   WHERE reserve_no = {$reserveNo}";
13:
14: $result = mysqli_query($link, $sql);
15: $row = mysqli_fetch_array($result, MYSQLI_ASSOC);
16: $customer_id = $row['customer_id'];
17: echo "削除する顧客 IDは {$customer_id}";
18:
19: $sql = "DELETE FROM reserve WHERE reserve_no = {$reserveNo} ";
20: mysqli_query($link, $sql);
21:
22: $sql = "DELETE FROM customer WHERE customer_id = {$customer_id}";
23: mysqli_query($link, $sql);
24:
25: mysqli_free_result($result);
26: mysqli_close($link);
27: ?>
```

> ３つの処理の
> まとまりを
> 枠で示す

2 ここまでできたら動作確認をとる。

表示結果は先ほどと同じだが，再度「ownerReserveList.php」を表示させると，該当の予約が削除されている。

3 処理後に，一覧表示へ画面遷移させる

削除処理を行った後，予約情報の一覧画面にページを戻す処理を記述する。6章でも行ったようにheader()関数を使う。

1 次のように「ownerReserveDelete.php」に追記する。

```
ownerReserveDelete.php
01: <?php
02: $reserveNo = htmlspecialchars($_GET["rno"]);
03: echo " 削除する予約番号は {$reserveNo} です<br>";      ← この行を削除する
04: require_once('./dbConfig.php');
05: $link = mysqli_connect(DB_SERVER, DB_USER, DB_PASS, DB_NAME);
06: if ($link == null) {
07:    die(" 接続に失敗しました：" . mysqli_connect_error());
08: }
09: mysqli_set_charset($link, "utf8");
10:
11: $sql = "SELECT customer_id FROM reserve
12:    WHERE reserve_no = {$reserveNo}";
13:
14: $result = mysqli_query($link, $sql);
15: $row = mysqli_fetch_array($result, MYSQLI_ASSOC);
16: $customer_id = $row['customer_id'];
17: echo " 削除する顧客 IDは {$customer_id}";      ← この行を削除する
18:
19: $sql = "DELETE FROM reserve WHERE reserve_no = {$reserveNo} ";
20: mysqli_query($link, $sql);
21:
22: $sql = "DELETE FROM customer WHERE customer_id = {$customer_id}";
23: mysqli_query($link, $sql);
24:
25: mysqli_free_result($result);
26: mysqli_close($link);
27: header("location: ./ownerReserveList.php");
28: ?>
```

6章でも説明したように，header()関数を使ってページ遷移するときには，echo命令などでHTML出力をしてはいけない。そのため3行目，17行目は削除する。

2 ここまでできたら動作確認をする。

一覧ページで「削除」ボタンを押すと，削除処理が行われ，再度一覧ページ表示がされる。これで削除機能が完成である。

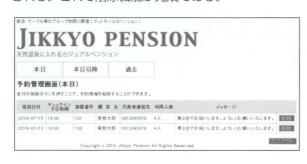

4 ログイン機能を実装する

例題 43 ページを閲覧できる人を ID，パスワードで識別するために，オーナーログイン画面を作成しよう。

1 ログイン画面について

先ほど作成した予約画面には顧客の個人情報が表示されている。また，一覧から予約の削除が簡単に行える。そのようなページに対してはログインチェックをかけ，ID，パスワードを知っている人のみがアクセスできるようにしなければならない。

本来，ID やパスワードは，データベースに専用テーブルを作成して管理させることが一般的である。そうすることによって，アクセスするユーザーを追加することができたり，ユーザーの任意でパスワードを変更したりする機能を作ることができる。しかし，今回はデータベースに修正を行わず，プログラム中に定義した固定の ID，パスワードでログインチェックをすることとする。

ログイン機能を実装するにあたり，今回作成するコードの全体像を次に示す。この流れは 6 章の予約詳細入力の節でも実装しているため，適宜見直すこと。

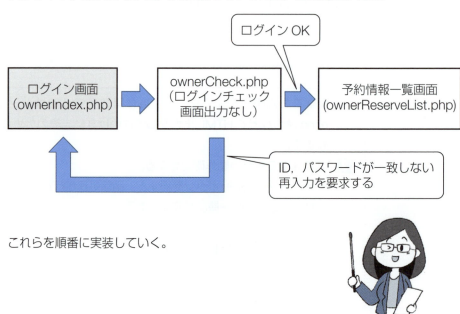

これらを順番に実装していく。

2 ログイン画面を作成する

1 「ownerReserveList.php」をコピーし，ファイル名を「ownerIndex.php」とする。

2 次のように不要な部分を削除し，ID，パスワードの入力画面を作成する。

> 18行目～34行目がログイン画面のメインコンテンツである。

```
ownerIndex.php
01: <!DOCTYPE html>
02: <html lang="ja">
03: <head>
04:   <meta charset="UTF-8">
05:   <link rel="stylesheet" href="./css/style.css" type="text/css">
06:   <title>JIKKYO PENSION</title>
07: </head>
08: <body >
09:   <!-- ヘッダー：開始 -->
10:   <header id="header">
11:     <div id="pr">
12:     <p>部活・サークル等のグループ利用に最適！アットホームなペンション！</p>
13:     </div>
14:     <h1><img src="./images/logo.png" alt=""></h1>
15:   </header>
16:   <!-- ヘッダー：終了 -->
17:   <!-- コンテンツ：開始 -->
18:   <div id="contents">
19:     <h2>オーナーログイン画面</h2>
20:     <p>オーナーのIDとパスワードを入力してください。</p>
21:     <form method="post" action="./ownerCheck.php">
22:     <table class="host">
23:       <tr>
24:         <th>オーナーID</th>
25:         <td><input type="text" name="id"></td>
26:       </tr>
27:       <tr>
28:         <th>パスワード</th>
29:         <td><input type="password" name="pass"></td>
30:       </tr>
31:     </table>
32:     <input class="submit_a" type="submit" value="ログイン">
33:     </form>
34:   </div>
35:   <!-- コンテンツ：終了 -->
36:   <!-- フッター：開始 -->
37:   <footer id="footer">
38:     Copyright c 2016 Jikkyo Pension All Rights Reserved.
39:   </footer>
40:   <!-- フッター：終了 -->
41: </body>
42: </html>
```

3 入力後「ownerIndex.php」を表示する。例題の冒頭で示した画像が表示される。

7章

オンライン予約システムの実装 ～予約管理機能～

30H Academic **203**

3 ログインID，パスワードの受け渡しを実装する

次にログインに利用するIDとパスワードを決定する。今回はデータベースではなく，スクリプトファイル内に直接記述する方法をとる(本来の方法ではないが，今回は簡易ログイン機能として実現する)。

1　「dbConfig.php」にオーナーIDとパスワードを次のように追記する。

```
dbConfig.php
01: <?php
02: define("DB_SERVER","localhost");      // サーバー
03: define("DB_NAME","jikkyo_pension");   // データベース
04: define("DB_USER","jikkyo");           // ユーザー
05: define("DB_PASS","pass");             // パスワード
06:
07: define("OWNER_ID", "owner");          // オーナーログイン用ID
08: define("OWNER_PASS", "pass");         // オーナーログイン用パスワード
09: ?>
```

2　新規PHPファイルを「ownerCheck.php」で作成し，次のドキュメントを記述する。

```
ownerCheck.php
01: <?php
02: require_once('./dbConfig.php');
03:
04: $id = htmlspecialchars($_POST["id"]);
05: $pass = htmlspecialchars($_POST["pass"]);
06:
07: if ($id == OWNER_ID && $pass == OWNER_PASS) {
08:     echo "ログイン成功";
09: } else {
10:     echo "IDまたはパスワードが違います";
11: }
12: ?>
```

3　動作確認をする。

「ownerIndex.php」を表示し，ID欄に「owner」パスワードに「pass」と入力して「ログイン」ボタンを押すと，「ログイン成功」と表示され，誤った値を入力した場合は，「IDまたはパスワードが違います」と表示される。

← → C localhost/30H_PHP/ownerCheck.p	← → C localhost/30H_PHP/ownerCheck.p
ログイン成功	IDまたはパスワードが違います

4 ログインチェックの結果の保存とページ遷移を実装する

まず画面遷移を実装する。

1 「ownerCheck.php」に画面遷移をするスクリプトを次のように追記する。

```php
ownerCheck.php
01: <?php
02: require_once('./dbConfig.php');
03:
04: $id = htmlspecialchars($_POST["id"]);
05: $pass = htmlspecialchars($_POST["pass"]);
06:
07: if ($id == OWNER_ID && $pass == OWNER_PASS) {
08:     //echo "ログイン成功";
09:     header("location: ./ownerReserveList.php");
10: } else {
11:     //echo "IDまたはパスワードが違います";
12:     header("location: ./ownerIndex.php");
13: }
14: ?>
```

2 動作確認をする。

「ownerIndex.php」へアクセスし，ログインチェックの結果が成功であれば「ownerReserveList.php」へ，失敗の場合は「ownerIndex.php」へ画面遷移するようにしている。

次にログイン状態を保存するスクリプトを記述する。これはログイン状態を複数のPHPスクリプトで確認できるようにしなければならないためである。例えば，「ownerIndex.php」を経由せずにURLを入力して直接「ownerReserveList.php」へアクセスしたときに予約情報のリストが表示されては困る。ログイン済みなのか，そうでないのかに合わせて表示するのかしないのかの判断をしなければならない。

ここで6章の予約詳細画面作成のところで解説をしたセッションを使う。

3 次のように「ownerCheck.php」に追記する。

```php
ownerCheck.php
01: <?php
02: session_start();
03: unset($_SESSION["loginStatus"]);
04: require_once('./dbConfig.php');
05:
06: $id = htmlspecialchars($_POST["id"]);
07: $pass = htmlspecialchars($_POST["pass"]);
08:
09: if ($id == OWNER_ID && $pass == OWNER_PASS) {
10:     $_SESSION["loginStatus"] = "loginOk";
11:     header("location: ./ownerReserveList.php");
12: } else {
13:     header("location: ./ownerIndex.php");
14: }
15: ?>
```

7章 オンライン予約システムの実装 ～予約管理機能～

30H Academic **205**

④ 「ownerReserveList.php」へ直接アクセスされたときに表示されないようにするため，「ownerReserveList.php」の先頭に次の記述をする。

```php
ownerReserveList.php（先頭部分）
01: <?php
02: session_start();
03: if (!isset($_SESSION["loginStatus"]) ||
    $_SESSION["loginStatus"] != "loginOk") {
04:   header("location: ./ownerIndex.php");
05:   exit();
06: }
07: require_once('./dbConfig.php');
08: $link = mysqli_connect(DB_SERVER, DB_USER, DB_PASS, DB_NAME);
09: if ($link == null) {
10:   die("接続に失敗しました：" . mysqli_connect_error());
11: }
12: mysqli_set_charset($link, "utf8");
13:
14: $mode = "today";    // 指定がない場合は「本日」とする
15: if (isset($_GET["disp"]) == true) {
16:   $mode = htmlspecialchars($_GET["disp"]);
17: }
```

「ownerIndex.php」では，セッション変数に「loginStatus」という名前の値が存在する，かつ「loginStatus」の値が「loginOk」になっているかによって，ログインチェックを完了しているかどうかの判断をしている。ログイン済みでなければ「ownerIndex.php」へ強制的にページ遷移する（4行目）ようにする。

⑤ ここまでで動作確認をとる。次の3パターンで動作確認をすること。
　① 「ownerIndex.php」で正しいID，パスワードを入力し，正常に予約情報のリストが表示されること。
　② 「ownerIndex.php」で誤ったID，パスワードを入力すると，再度「ownerIndex.php」が表示されること。
　③ いったんブラウザーをすべて閉じ（セッションを切断する），新たにブラウザーを立ち上げてURL欄に「ownerReserveList.php」を表示するようにアドレスを入力したときに，予約情報のリストが表示されずに「ownerIndex.php」へ遷移していること。

5 エラーメッセージを表示する

先ほどの ⑤ の動作確認②のときに，誤ったID，パスワードを入力したのかどうかわからないまま「ownerIndex.php」が再表示されたはずである。人によっては，なぜ画面が進まないのか，ID，パスワードの間違いと気付かず混乱してしまうだろう。このような混乱を招かないためにもエラーメッセージを適切に表示しなければならない。ここでは6章と同じようにセッションを使ってエラーメッセージを表示するコードを記述する。

1 「ownerCheck.php」に次の記述を追記する。

```
ownerCheck.php

01: <?php
02: session_start();
03: unset($_SESSION["loginStatus"]);
04: require_once('./dbConfig.php');
05:
06: $id = htmlspecialchars($_POST["id"]);
07: $pass = htmlspecialchars($_POST["pass"]);
08:
09: if ($id == OWNER_ID && $pass == OWNER_PASS) {
10:     $_SESSION["loginStatus"] = "loginOk";
11:     header("location: ./ownerReserveList.php");
12: } else {
13:     $_SESSION["loginerr"] = "IDまたはパスワードが違います";
14:     header("location: ./ownerIndex.php");
15: }
16: ?>
```

2 「ownerIndex.php」にエラーメッセージを表示する記述を追記する。まずエラーメッセージがセッションにあるかどうかを確認（4行目）し，エラーメッセージのHTMLを編集するコード（5行目）を記述する。

```
ownerIndex.php

01: <?php
02: session_start();
03: $loginerr = "";
04: if (isset($_SESSION["loginerr"])) {
05:     $loginerr = "<p style='color: red;'>".$_SESSION["loginerr"]."</p>";
06:     unset($_SESSION["loginerr"]);
07: }
08: ?>
09: <!DOCTYPE html>
10: <html lang="ja">
11: <head>
12:     <meta charset="UTF-8">
13:     <link rel="stylesheet" href="./css/style.css" type="text/css">
14:     <title>JIKKYO PENSION</title>
15: </head>
```

3 上記でセットしたエラーメッセージを表示するコードを追記する。

```
ownerIndex.php

37:             <td><input type="password" name="pass"></td>
38:         </tr>
39:     </table>
40:     <?php echo $loginerr; ?>
41:     <input class="submit_a" type="submit" value="ログイン">
42:     </form>
43: </div>
```

30H Academic **207**

4 動作確認をする。

「ownerIndex.php」を表示し，ID，パスワードの入力欄に適当な値を入力して「ログイン」ボタンを押すと，「ID またはパスワードが違います」と表示される。

部活・サークル等のグループ利用に最適！アットホームなペンション！

JIKKYO PENSION

天然温泉に入れるカジュアルペンション

オーナーログイン画面

オーナーのIDとパスワードを入力してください。

オーナーID	
パスワード	

IDまたはパスワードが違います

Copyright c 2016 Jikkyo Pension All Rights Reserved.

ログイン

---

6 ログアウトを実装する

最後にログアウトを実装する。ログアウトでは，これまで利用したセッション変数を破棄すればよい。

1 新規 PHP ファイルを「ownerLogout.php」で作成し，次のドキュメントを記述する。

ownerLogout.php

```
01: <?php
02: session_start();
03: unset($_SESSION["loginStatus"]);
04: unset($_SESSION["loginerr"]);
05: header("location: ./ownerIndex.php");
06: ?>
```

2 「ownerReserveList.php」のログアウトのリンクを修正する。

ownerReserveList.php

```
99:        </table>
100:       <br>
101:       <a class="submit_a" href="ownerLogout.php"> ログアウト </a>
102:     </div>
103:   <!-- コンテンツ：終了 -->
104:   <!-- フッター：開始 -->
105:   <footer id="footer">
106:     Copyright c 2016 Jikkyo Pension All Rights Reserved.
107:   </footer>
```

3 動作確認をする。

予約情報一覧画面でログアウトできるようになる。

7 削除時に確認ダイアログを表示する

現時点の予約情報一覧で表示している「削除」ボタンは，押すとすぐにデータが削除されてしまう少し怖いボタンである。やはり削除するときには「削除してもよろしいですか」と一度確認がほしい。

この機能を実装するために，JavaScript という別言語の命令を少しだけ加える。JavaScript の詳細については，必要に応じて別途学習してほしい。

1 「ownerReserveList.php」の「削除」ボタンを表示している <a> タグの onclick プロパティに JavaScript の confirm( ) 関数による命令を加える。

> confirm( ) 関数：
> JavaScript の関数。
> OK，キャンセルのメッセージボックスを表示する。

```
ownerReserveList.php
79: <?php
80:   if ($mode != "before") {
81:     echo "<th></th>";
82:   }
83:   while ($row = mysqli_fetch_array($result, MYSQLI_ASSOC)) {
84:     echo "<tr>";
85:     $rdate = date('Y-m-d', strtotime($row['reserve_date']));
86:     echo "<td>{$rdate}</td>";
87:     echo "<td>{$row['checkin_time']}</td>";
88:     echo "<td>{$row['room_no']}</td>";
89:     echo "<td>{$row['customer_name']}</td>";
90:     echo "<td>{$row['customer_telno']}</td>";
91:     echo "<td>{$row['numbers']} 人 </td>";
92:     echo "<td>{$row['message']}</td>";
93:     if ($mode != "before") {
94:       echo "<td><a class='submit_a'
   onclick='return confirm(¥"{$row['customer_name']} 様の予約を削除します。
   よろしいですか？ ¥");'
   href='./ownerReserveDelete.php?rno={$row['reserve_no']}'>削除 </a>
   </td>";
95:     }
96:     echo "</tr>";
97:   }
```

2 動作確認をする。

「削除」ボタンを押したときに以下のダイアログが表示され，「キャンセル」を押せば削除されない。

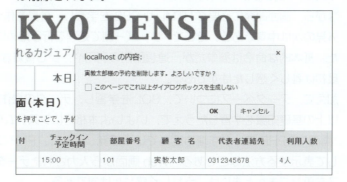

おわりに

30H Academic ▷ PHP入門

本章では，エンジニアとしての今後の発展的展望について，技術や考え方を述べる。本書を通じて学んできた技術をさらに発展させることで，より多くの機能を持ったWebアプリケーションを構築することが可能になる。ぜひ，今後の参考としてもらいたい。

1 完成したオンライン予約システムと今後について

1 システム化がもたらす恩恵

客足が少しずつ遠のいていた「JikkyoPension」だが，今回のオンライン予約システムの導入でインターネットによる予約を可能とし，学生たちや新たな客層の獲得へと繋げることができただろうか。

聞くところによると，今回のシステム導入の影響力は大きく，すぐに予約数に変化が見られたとのことである。また，若者たちも気軽に利用できることで，サークルや部活などの利用も活発化したらしい。口コミで話題も広がり，今まで利用することのなかった大学や専門学校の学生たちも，新たに利用し始めたようである。

私たちエンジニアが開発したシステムやサービスが，ユーザーに利用され，結果として業務改善に繋がることは，本当に嬉しく，また，やり甲斐を大きく感じる瞬間である。もちろん，必ずよい結果に繋がるわけではないが，そのようなときでも，「次は何を改善すればよいのか？」と，エンジニアとして新たな視点から，ユーザーとともに再度考えていく。

このように，エンジニアの仕事は，ずっと続いていくものなのである。

2 本書の振り返りとエンジニアとしての心構え

本書は，開発環境の構築から始まり，その後，Webアプリケーションの概要を学びながら，画面開発に必要なHTMLやCSSを学習し，外見を作ってきた。

外見の次は中身である。そこで，サーバー側で処理を行うために，PHPの学習に入った。基本的な命令は簡単だが，連想配列の利用や，少し複雑な処理を考えることは，最初は難しく感じたはずである。

加えて，データベースについて，SQLを学習し，データの操作方法を学んだ。

以上の基礎知識を学習したうえで，いよいよ本格的にシステム作成に取り組んできた。"画面"にPHPコードを埋め込んでいく感覚，そして，PHPコードでデータを取得して表示する方法などである。Web画面から入力されたデータを用いてデータベースを更新できたときには，うれしく感じたはずである。

最初から「Webアプリケーション」という大きな枠でとらえてしまうと，くじけそうになってしまうかもしれないが，本書のように「やれること」を少しずつ増やしていくことで，気が付けば大きなことができるようになる。

エンジニアとして，大小かかわらず，困難な課題に直面する機会は多々あるはずである。そのようなときは，まずは，小さなタスク＝「やれること」から考えてみることで，おのずと解決に繋がるということを，覚えておいてもらいたい。

3 次の目標へ向けて

Webアプリケーションを開発すると，それを「誰かに使ってもらいたい」という気持ちになるのは当然のことである。実際に外部からアクセスできるようにするためには，PHPが稼働するWebサーバーを自分で用意するか，サーバーをレンタルするなどして環境を入手し，今回開発したファイルをFTPソフトなどでアップロードすれば公開が可能となる。しかし，これまで作ってきたオンライン予約システムは，実はまだ完璧なものとはいえない。

> FTP(File Transfer Protocol) ファイルを転送する際のプロトコル。FTPソフトは，このプロトコルに従って，指定したサーバーに対してファイルのアップロードや，ダウンロードを行うソフトのこと。

例えば，
・「部屋の設備の故障などで，使用できない部屋がでてしまったら？」
・「宿泊後の顧客のご意見やご感想をオンラインで収集してサービス向上を図るには？」
など，実際にシステムを使いながらわかってくる「必要な機能」が新たに生まれてくるからである。

開発したエンジニアならばデータベースを直接操作し，データの変更や修正をすることが可能だが，「JikkyoPension」のオーナーにそれをしてもらうのは無理がある。そのために，オーナー専用の管理機能において，予約情報以外もメンテナンス可能にする必要がある。また，宿泊後の顧客の意見なども「アンケート」ページとして，別途利用可能であれば，多くの顧客からのフィードバックを得ることができ，業務改善に役立つことになる。

今回はシステムを「開発」する視点に特化して進めてきたが，実際にWebアプリケーションを「運用」する際には，上記のように新たな課題が生じる。システムを開発する際には，あらかじめ，設計段階でこうした意識をもって設計することも大切である。

皆さんは，本書を通じて，多くの「やれること」が増えたはずである。次は，ユーザーの「やりたいこと」に対して新たな提案や設計を講じ，エンジニアとしての次なる一歩を踏み出していってほしい。

さくいん

【記号】

--	59
!	56
!=	56
!==	56
#	52
$	53
$_SESSION	156
%	39
&&	56
&yen;	47
*/	52
/*	52
//	52
;	52
?>	51
@charset	31
||	56
¥'	191
¥"	191
¥¥	191
¥n	191
¥t	191
++	59
<	56
<!--	23
<?php	51
<=	56
==	56
===	56
>	56
-->	23
>=	56

【英数字】

1 カラムレイアウト	34
absolute	35
action プロパティ	116
ALTER	75
alt プロパティ	23
and	56
Apache	11
array	55
array( )	65

<article> タグ	24
as	67
<aside> タグ	24/38
<a> タグ	23/112/118/150/164/198/209
BETWEEN 演算子	82
<body> タグ	43
body 要素	35
boolean	54
border	34
Brackets	9
break 命令	58/62
  タグ	23
case	58
charset プロパティ	20
class セレクタ	32
class プロパティ	37
confirm()	209
continue 命令	62
count()	67
CREATE	75
CSS	28
date()	141/143/162/194
DBMS	74
DCL	75
DDL	75
default	58
define()	137
DELETE	75/92
die()	96
<div> タグ	25/36
<dl> タグ	23/38
DML	75
do-while 文	60
DROP	75/93
echo 命令	51
else	57
em	39
empty()	115/124/167
ERD	79
E-R 図	79
exit()	165
fetch	97
<figcaption> タグ	24
<figure> タグ	24
fixed	35
float(float)	35/54

<footer> タグ	24/38	mysqli_connect_error()	102
foreach 文	67	mysqli_fetch_array()	98
<form> タグ	112/113/114/116/150/164	mysqli_free_result()	97
for 文	61	MYSQLI_NUM	98
FROM	81	mysqli_num_rows()	97/121/195
FTP	211	mysqli_prepare()	181
GET	111	mysqli_query()	96
Google Chrome	10	mysqli_set_charset()	98
GRANT	75	mysqli_stmt_bind_param()	182
<h1> タグ	23	mysqli_stmt_close()	181
<h2> タグ	23	mysqli_stmt_execute()	182
<h3> タグ	23	name	140
header()	164/166/201	name プロパティ	113
<header> タグ	24/37	<nav> タグ	24
href プロパティ	112/118/164/198	NOT IN	87
htdocs	15	null	55
HTML	7	number_format()	109
HTML5	18	object	55
htmlspecialchars()	125	onclick プロパティ	209
HTTP	7	or	56
id セレクタ	33	ORDER BY	86/87
<id> タグ	36	padding	34
id プロパティ	25/33/37	PDM	79
if 文	57	PHP	50
<img> タグ	23/38/45	phpMyAdmin	76
IN	86	PHP マニュアル	65
include()	134	position	35
<input> タグ	113/116/117/140/141	POST	112
INSERT	75/88	print 命令	51
integer	53	px	39
IP アドレス	7	<p> タグ	23
is_numeric()	167	rand()	70
isset()	152	relative	35
LDM	79	require_once()	137
LIKE 演算子	83	required	140
localhost	14	required プロパティ	141
<main> タグ	24/38	resource	55
margin	34	REVOKE	75
<meta> タグ	20	RFC	111
method プロパティ	113/114/116	RIA	18
min	140	<section> タグ	24
MySQL/MariaDB	11	SELECT	75/81
MYSQLI_ASSOC	98	<select> タグ	116
MYSQLI_BOTH	98	session_start()	156
mysqli_close()	96	SET	90/91
mysqli_connect()	95/136	<span> タグ	36

SQL	75	**【か】**	
src プロパティ	23	開始タグ	20/51
static	35	概念データモデル	79
string	54	外部キー	85
strtotime()	148/162	外部スタイル	29
<style> タグ	29	可変グリッドレイアウト	34
style プロパティ	29	カラム	24
switch 文	58	空要素	20
<table> タグ	45/47	関係付け	74/75
<td> タグ	47	境界線	34
<textarea> タグ	116	クライアント	6
<th> タグ	47	繰り返し実行	56
<title> タグ	20	グリッドレイアウト	34
<tr> タグ	47	グループセレクタ	28
TRUNCATE	75/93	グローバル変数	151
type	140	現在位置	31
<ul> タグ	23	降順	87
unset()	156	固定レイアウト	34
UPDATE	75/90/91	コードブロック	63
URL	7	コメント	23/52
UTF-8	20	子要素	20
value	140	コンテナ	41
VALUES	88	コンテンツ領域	34
value プロパティ	141		
var_dump()	64/155	**【さ】**	
W3C	20	サイド	21/41
WHERE	82	サーバー	6
while 文	59	算術演算子	82
XAMPP	11	子孫セレクタ	28
xor	56	実体関連図	79
		終了タグ	20/51
		主キー	78/85
		順次実行	56
【あ】		昇順	87
アイキャッチ	21/22	シングルクォーテーション	54
値	28	スカラー型	53
アダプティブレイアウト	34	スキーム名	7
アンダースコア	83	スクリプト	50
インクリメント演算子	59	整数型	53
インデント	16	セクション	24
引用符	54	セッション	151
インラインスタイル	29	セッション ID	151
エスケープシーケンス	191	セッション管理	151
オブジェクト型	55	絶対配置	35
親要素	20	セレクタ	28
		宣言ブロック	28

相対的	35
添え字	64
属性	20

【た】

代入	53
代入演算子	53
ダブルクォーテーション	54
抽出条件	82
通常配置	35
ディレクトリ	7
デクリメント演算子	59
データ制御言語	75
データ操作言語	75
データ定義言語	75
データベースマネジメントシステム	74
テーブル	74/75

【な】

内部スタイル	29
二重引用符	54
ヌル型	55

【は】

排他的論理和	56
ハイパーテキスト	7
ハイパーリンク	7/23
配列	64
配列型	55
パス名	7
パスワード	77
バッククォート	81
パラメータ	7
半角中かっこ	55
ヒアドキュメント	54
比較演算子	56
否定	56
フィールド	74/75
フォルダー構造	18
副問合せ	86
フッター	21
物理データモデル	79
物理名	78
浮動小数点数型	54
ブラウザーソフト	6
フリーレイアウト	34

フレキシブルレイアウト	34
ブレース	55
プロパティ	20/28
分岐実行	56
ヘッダー	21
変数	53
変数名	53
ホスト名	7
ポート番号	7

【ま】

マークアップ	7
マルチカラムレイアウト	34
無限ループ	60
メイン	21/41
メニュー	21
文字列型	54
文字列結合演算子	55

【や】

ユーザー名	77
要素	20
余白	34
予約語	81

【ら】

ライブプレビュー	15
リキッドレイアウト	34
リソース型	55
リレーショナルデータベース	74
リレーションシップ	74/75
ループ処理	59/60/61
レコード	74/75
レスポンシブルレイアウト	34
連想配列	66
論理積	56
論理値型	54
論理データモデル	79
論理名	78
論理和	56

【わ】

ワイルドカード	83

30H Academic **215**

本書の関連データがWebサイトからダウンロードできます。

https://www.jikkyo.co.jp/download/ で

「30時間アカデミックPHP入門」を検索してください。

提供データ：例題・実習データ

■執筆

大川　晃一　日本電子専門学校
（おおかわ　こういち）

小澤　慎太郎　中央情報大学校
（おざわ　しんたろう）

●表紙・本文デザイン──難波邦夫
●写真協力────エーデルホテル
　　　　　　碓氷峠の森公園交流館「峠の湯」
　　　　　　碓氷峠くつろぎの郷コテージ

30時間アカデミック
PHP入門

2017年4月10日　初版第1刷発行
2022年4月10日　　　　第3刷発行

●執筆者　　大川晃一・小澤慎太郎
●発行者　　小田良次
●印刷所　　共同印刷株式会社

無断複写・転載を禁ず

●発行所　　実教出版株式会社
〒102-8377
東京都千代田区五番町5番地
電話［営　　業］(03)3238-7765
　　［企画開発］(03)3238-7751
　　［総　　務］(03)3238-7700
https://www.jikkyo.co.jp/

©K.Okawa S.Ozawa 2017

ISBN 978-4-407-34035-8　C3004

Printed in Japan

PHP 頻出関数・命令リファレンス

※因数は一例である。

分類	関数名	引数	戻り値	概要	掲載ページ
文字列・数値	sprintf()	フォーマット文字列、指定文字列	フォーマット済み文字列	文字列をフォーマットして（書式化して）出力する。	
	number_format()	数値	書式化した値	数値をフォーマットして（書式化して）出力する。引数が1つの場合は3ケタごとにカンマで区切る。	109
	preg_match()	検索パターン、対象文字列	見つかった：1 見つからない：0	正規表現で文字列を検索する。	
	preg_match_all()	検索パターン、対象文字列、結果を格納する変数	見つかったパターン数	正規表現で文字列を検索した結果、マッチしたすべての値を変数に格納する。	
	str_replace()	置換対象の値、置換する値、処理対象文字列	置換後の文字列	文字列を置き換える。	
	mb_substr()	対象文字列、開始位置、取り出す文字数	取り出した文字列	文字列の何文字目から何文字取り出すかを指定して文字列の一部分を取得する。	
	strtolower() strtoupper()	変換対象文字列	変換後文字列	strtolower()はすべてのアルファベットを小文字に変換し、strtoupper()はすべてのアルファベットを大文字に変換する。	
	strlen()	文字列	バイト数	文字列のバイト数を返す。	
	mb_strlen()	文字列	文字数	マルチバイト文字の文字数を返す。	
	mb_strpos()	検査対象文字列、検査文字列	見つかった位置	文字列の中から指定された文字列が最初に何文字目に現れる位置を返す。	
	mb_convert_encoding()	文字列、変換後の文字コード	変換後文字列	文字列を指定された文字コードに変換して返す。	
	mb_convert_kana()	文字列	変換後文字列	ひらがな・カタカナ、全角・半角を相互に変換する。	
	trim() ltrim() rtrim()	文字列	削除後文字列	文字列の前後からスペースやタブなどの空白文字や指定された文字を取り除く。trim()は前後から取り除き、ltrim()は左から、rtrim()は右からのみ取り除く。	
	mt_rand()	なし	ランダムな数値	指定された範囲でランダムな数値を返す。rand()より精度が高い。	
	round()	数値	変換後数値	round()は小数部分を四捨五入して返す。桁数を指定することで小数点以下何桁から丸めるかを変更できる。	
	floor()	数値	変換後数値	小数点以下切り捨てする。桁数を指定することで小数点以下何桁から丸めるかを変更できる。	
	ceil()	数値	変換後数値	小数点以下切り上げする。桁数を指定することで小数点以下何桁から丸めるかを変更できる。	
文字列・数値・その他判断	is_string()	検査対象の値	文字列：TRUE 文字列以外：FALSE	与えられた値が文字列かを調べる	
	is_int()	検査対象の値	整数型：TRUE 整数型以外：FALSE	与えられた値が整数型かを調べる	
	is_float()	検査対象の値	小数型：TRUE 小数型以外：FALSE	与えられた値が float 型（浮動小数点数）かを調べる	
	is_numeric()	検査対象の値	数値：TRUE 数値以外：FALSE	与えられた値が数字として扱えるかを返す。文字列でも数字として扱えればよい。	167
	isset()	検査対象変数	値が存在する：TRUE 値が存在しない：FALSE	変数に値がセットされているか、そして NULL でないことを検査する。	152
	empty()	検査対象変数	空である：TRUE 空でない：FALSE	変数の内容が空であるかを返す。空文字、「0」、空配列、NULL、FALSE などが空であると判断される。	115
	count()	検査対象配列	要素数	配列やオブジェクトの要素をカウントする。	67
配列	array_slice()	対象配列、開始位置、取得要素数	取得した配列	配列の一部を指定して取得する。	
	array_merge()	結合する配列1、結合する配列2	結合された配列	配列同士を結合する。	
	in_array()	検索値、検査対象配列	存在する：TRUE 存在しない：FALSE	配列の中に指定された値が含まれているかを返す。	
	asort() arsort()	ソート対象配列	成功した：TRUE 失敗した：FALSE	連想配列を昇順(asort)、降順(arsort)でソート（並び替え）する。	
	ksort() krsort()	ソート対象配列	成功した：TRUE 失敗した：FALSE	配列のキーをもとに昇順(ksort)、降順(krsort)でソートする。	
	array_search()	検索値、検査対象配列	存在する：キーの値 存在しない：FALSE	配列の中から指定された値を持つ要素を検索し、見つかった場合そのキーを返す。	
	implode()	区切り文字、配列	結合された文字列	指定された区切り文字をもとに配列を文字列として結合する。	
	explode()	区切り文字、文字列	分割された配列	指定された区切り文字を元に文字列を配列に変換する。	
	extract()	処理対象配列	処理された変数の数	連想配列のキー部分を変数名とする変数を作る。	
	is_array()	検査対象の値	配列：TRUE 配列以外：FALSE	渡された値が配列であるかを返す。	
ネットワーク	htmlspecialchars()	文字列	変換後文字列	HTMLの特殊文字として扱われる文字をHTMLエンティティに変換する（エスケープ処理）。「<」などは「<」に変換され、HTMLタグとして扱われることを防げるほか、不正なスクリプトタグを仕込まれて実行されるリスクを回避できる。	125
	header()	ヘッダーとして送信する値	なし	HTTP ヘッダーを送信する。「Location: http://www.example.com」とすることで指定された URL にリダイレクトする際に用いられる。	166

分類	関数名	引数	戻り値	概要	掲載ページ
ネットワーク	nl2br()	文字列	変換後文字列	文字列の改行箇所を「\ 」などの改行タグに変換する。	
	strip_tags()	文字列	変換後文字列	文字列から HTML タグを取り除く。取り除かないタグの指定もできる。	
	http_build_query()	変換対象配列	クエリ文字列	連想配列からURLエンコードされたクエリ文字列を作成する。配列をGETパラメータとして使える「item=pen&num=12」といった文字列に変換する。	
	md5()	文字列	生成されたハッシュ値	MD5アルゴリズムを用いてハッシュ値を生成する。	
	password_hash()	パスワード文字列、ハッシュアルゴリズム	生成されたハッシュ値	選択したアルゴリズムを用いてパスワード用のハッシュ値を生成する。	
	password_verify()	文字列、password_hash()で生成したハッシュ値	マッチした：TRUE マッチしない：FALSE	password_hash()によって作られたパスワードと文字列がマッチするかを調べる。	
	base64_encode()	文字列	エンコードされた文字列	文字列をMIME base64方式でエンコードする。	
	base64_decode()	エンコードされた文字列	デコードされた文字列	MIME base64方式でエンコードされた文字列を デコードする。	
	json_encode()	変換対象の値	JSON形式の文字列	連想配列を JSON 形式の文字列に変換する。	
	json_decode()	JSON形式の文字列	変換後配列	JSON 形式の文字列を連想配列に変換する。	
	mb_send_mail()	送信先、件名、本文	成功した：TRUE 失敗した：FALSE	設定されたメール設定、言語にもとづいてエンコード変換を行ってメールを送信する。	
セッション	session_start()	なし	常にTRUE	セッションを開始する。	156
	session_regenerate_id()	なし	成功した：TRUE 失敗した：FALSE	現在のセッションに対して、新たなセッションIDを割り当てる。セッションハイジャック攻撃を防ぐ手段として用いられる。	
	session_destroy()	なし	成功した：TRUE 失敗した：FALSE	セッション情報をすべて破棄する。	
	session_id()	なし	セッションID	セッションIDを取得する	
データベース	mysqli_connect()	なし	成功した：接続変数 失敗した：NULL	MySQLサーバーに接続する。	95
	mysqli_close()	接続変数	成功した：TRUE 失敗した：FALSE	MySQLサーバーへの接続を閉じる。	96
	mysqli_query()	接続変数、SQL文字列	成功した：結果変数／TRUE 失敗した：FALSE	SQLコマンドを実行する。結果セットを返さないSQLコマンドの場合はTRUEが返る。	96
	mysqli_num_rows()	結果変数	データ件数	SQLの結果セットの行数を取得する。	97
	mysqli_free_result()	結果変数	成功した：TRUE 失敗した：FALSE	結果セット格納用のメモリを開放する。	97
	mysqli_fetch_array()	結果変数、結果タイプ	行データが格納された配列	SQLの結果セットから行を取得する。最後の行まで達した場合はFALSEが返る。	98
	mysqli_connect_error()	なし	エラーメッセージ	MySQLサーバーへの接続時のエラーメッセージを取得する。エラーが発生していない場合は空文字が返る。	102
	mysqli_prepare()	接続変数、SQL文字列	ステートメント変数	実行するSQLステートメントの準備をする。パラメータマーカー「?」を使ったSQLステートメントを指定する。	181
	mysqli_stmt_close()	ステートメント変数	成功した：TRUE 失敗した：FALSE	プリペアドステートメントを閉じる。	181
	mysqli_stmt_bind_param()	ステートメント変数、割り当てる変数の型、変数...	成功した：TRUE 失敗した：FALSE	プリペアドステートメントのパラメータに変数を割り当てる。	182
	mysqli_stmt_execute()	ステートメント変数	成功した：TRUE 失敗した：FALSE	プリペアドステートメントのSQLコマンドを実行する。	182
その他	exit()	なし	なし	処理を終了する。die()はexit()の別名である。引数にメッセージを指定することも可能。	165
	print_r()	出力対象の変数	なし	変数の内容をわかりやすく表示する。	
	var_dump()	出力対象の変数	なし	変数の内容を詳細に表示する。含まれるオブジェクトの型、内容を細かく知ることができる。	62
	unset()	破棄対象変数	なし	指定した変数を破棄する。連想配列から一部のキーを取り除く際にも使う。	156
	time()	なし	タイムスタンプ	現在のUNIXタイムスタンプを得る（1970年1月1日00:00:00からの通算秒）。	
	stortotime()	日付/時刻 文字列、タイムスタンプ	成功した：タイムスタンプ 失敗した：FALSE	英文形式の日付を UNIXタイムスタンプに変換する。	148
	date()	フォーマット文字列、タイムスタンプ	フォーマット済み文字列	UNIXタイムスタンプを日時を表す文字列としてフォーマットして出力する。	141
	define()	定数名、値	成功した：TRUE 失敗した：FALSE	定数を定義する。大文字のアルファベットで名前をつける習慣がある。	137

命令名	引数	戻り値	概要	掲載ページ
include()	ファイル名	―	ファイルを読み込む。存在しない場合でも処理は継続される（これは制御命令であり、関数ではない）。	134
require_once()	ファイル名	―	ファイルを読み込む。存在しない場合は処理が停止される。なお、ファイルがすでに読み込まれている場合は再度読み込まない（これは制御命令であり、関数ではない）。	137